조용한 행복 2

조용한 행복 2

발 행 | 2020년 11월 19일
저 자 | 도현 스님
펴낸이 | 한건희
펴낸곳 | 주식회사 부크크
출판사등록 | 2014.07.15(제2014-16호)
주 소 | 서울특별시 금천구 가산디지털1로 119 SK트윈타워 A동 305호
전 화 | 1670-8316
이메일 | info@bookk.co.kr

ISBN | 979-11-372-2263-2

www.bookk.co.kr
ⓒ **조용한 행복 2**

조용한 행복2

~그 두 번째 이야기

도현 지음

도현 스님

　도현 스님은 열다섯 살의 나이에 덕명 스님을 은사로 1963 년 부산 범어사에서 입산 출가했다. 쌍계사 금당선원의 선덕(禪德)을 지낸 것 외에 승려 생활 55 년여 동안 선방과 산속을 오가며 수행했다. 20 여 년간 화두참선을 하다가 '부처님도 화두참선을 하셨는가' 하는 의구심으로 1980 년대 중반 태국으로 건너가 5 년여에 걸쳐 위빠사나 수행법을 체득하며 공부하고 돌아오기도 하였다. 수행자 시절의 붓다를 동경하여 부처님 초기 수행법대로 살고자, 지금껏 30 여 년 가까이 지리산 자락의 작은 오두막 수행처인 연암토굴에서 홀로 수행자의 삶을 이어가고 있다.
저서로는 「조용한 행복」, 「나라고 불리어지는 것에 대한 알아차림」이 있다.

「선재회」와 조용한 행복 (2010년 01월 출판)

선재회는 1986년, 도현 스님을 회주(지도법사)로 알음알음 만나던 이들이 모여 봉사 활동과 수행을 공부하던 모임이었다.

〈조용한 행복〉은 그 25년여 동안 도현 스님이 선재회 가족들에게 보낸 240여 편의 산중편지들 속에서 일반인들이 읽고 수행의 가르침을 배울 수 있는 64편의 글을 추려 만들어졌으며 마치 그윽한 차 한 잔을 놓고 읽는 글처럼, 한 편 한 편의 글들이 맑고 따스하여 2010년 문화관광부 우수문학도서 「수필」 부문에 선정되기도 하였다.

「단월회」와 조용한 행복 2 (2020년 11월 출판)

금번에 새로이 출간되는 이 책은 〈조용한 행복〉의 저자 도현 스님이 2011년 선재회의 발전적 해체 이후, 보다 작은 소규모의 수행 모임인 단월회의 결성과 더불어, 30여 년 가까이 기거하며 수행중인 지리산 산중 오두막 수행처인 「연암난야」에서 지난 10여 년간 일년에 네 차례, 사계절에 한번씩 단월(檀越) 가족들에게 보낸 34편의 산중서신을 엮어서 출판한 책이다.

　독자들은 이 책을 통해 일상생활 속에서 쉽게 실천할 수 있는 마음 다스리는 법을 배울 수도 있고 청정하면서도 청빈한 수행자의 삶을 들여다 볼 수도 있을 것이다.

CONTENT 차례

머리말 (서문)

〈조용한 행복 2〉라는 이름으로 내는 이 책은 10년 전에 낸 책의 연장선상에 있다. 납자(衲子)가 서적에 관심을 갖는 것은 어쩌다 찾아오는 나그네의 손에 뭔가 쥐어 주고 싶은 마음에서다.

그래서 쉬운 글로 시작해서 감성을 넘어서는 초월적 가치를 살짝 숨겨 관심 있는 분들이 알아차려서 삶의 질을 개선하고 양을 늘리는데 도움이 되었으면 하는데 있다.

언제나 절 집의 이야기는 착하게 사는 것이지만, 실은 삶의 질을 개선하고 양을 늘린다는 점은 착하고 지혜롭게 덕스러운 삶을 살라는 것이다.

붓다는 깊은 사유를 통해서 눈에 보이지 않고 손에 잡히지도 않는 알 수 없는 미지의 세계 속에서 인생의 문제를 발견하고 끝없는 물음 속에서 그 문제를 해결할 방법을 깨달아 제시하고 스스로 모든 번뇌를 떠나 아라한(阿羅漢)이 되신 분이다.
그러한 아라한의 길을 최초로 제시한 아라한 이시기 때문에 우리는 그 분만을 부처님이라고 부른다.

초전법륜경의 사제 팔정도가 가르침의 핵심임은 누구나 다 안다. 그래도 반복적 학습을 통해서 자기 체화(體化)시키는 것이 중요함으로 직접적인 것은 아니지만 본질의 곁을 슬쩍슬쩍 스치면서 되짚어 보시라고 생활 주변의 이야기들로 회신을 썼었다.

어쩌다 인연이 있어 신도님의 자제분이 흩어져 있던 지난 글들을 수습하고 편집까지 도와주어서, 오늘 책으로서 출간할 수 있게 되었다.

이 글을 읽는 이 모두 아름답고 멋지게 사시길 ….

2020년 11월
지리산 자락 연암난야에서
도현 합장

지금의 상황에 만족하면서 스스로 즐기는

현법낙주(現法樂住)의 삶.

수행의 도달점은 이런 삶이다.

초창기 **연암난야** 토굴 전경 (1994~2011)

화재로 소실되어 재건 하기전의 모습으로 초가지붕에 흙벽으로 지어진
네 평짜리 오두막 수행처였다. 전기 없이 밤에는 호롱불을 켜고
겨울에는 나무 장작을 땔감으로 군불을 피웠었다.

터닝 포인트 (전환점)

한가한 날이다.

어느 듯 유월, 녹음 짙은 산중에 흘러가는 계곡의 물소리가 신속한 세월의 흐름을 말해준다. 휴식 년제에 들어간 등산로처럼 인적이 끊긴 나의 토굴, 2011년 12월 31일 화재로 소실된 후 서너 달 도반의 절에서 기도하며 지내다가 돌아왔다. 텅 빈 허무의 터전에 텐트를 쳐놓고 오르내린 지도 두어 달, 봄이 가고 여름 속에 장마가 온다.

간혹 나를 염려하는 단월들이 전화로 스님 다른 절에 오가며 지나더라도 걸망이라도 둘 곳을 마련해 놓고 다니셔야지, 건강은 괜찮으시냐고 묻기도 하고, 또 직접 먼 길을 찾아와서 위로해

주시기도 하셨다. 어떤 분은 선재회 해체 소식을 듣고 마음 아파 하시며, 어떻게 도와드리면 전처럼 유지될 수 있는지 물어보시며 큰 도움과 용기를 주어 너무나 고맙고 감사했다.

한 세상 중노릇 하면서 부처님을 의지해서 산다고 끝없이 도와주는 시은이 무량해서, 어찌 한없는 세상을 돌며 한량없는 부처님을 모시면서 크고 청정한 원을 세우지 않을 수 있겠는가 하는 염원을 갖게 된다.

오랜 세월 인연 있는 분들에게 격월로 소식을 전하며 지내다가, 인생살이 막바지에 와서 큰 재난을 맞고 보니 얼결에 안부조차 전하지 못한지도 오래라, 단월이라는 서신으로 그간의 문안에 대신하며 한동안 적조했던 사연을 적어본다.

다행히 선재난야는 인연이 닿는 분이 있어 쉽게 정리되어서, 처음 약속대로 현재까지 선재가족으로 계신 분들 중에서 당시 불사비로 백 만원씩 동참한 분들께는 재보시를 돌려드리고 전 회원을 자유롭게 해드렸다.

선재회를 처음 시작할 때 나의 발상은, 한국에서 절 없이도 스님이 대 사회적인 역할을 할 수 있을런지 무(無)사찰 주의로 한번 해보자는 실험으로 나섰는데 그 걸음이 여기까지 왔고, 우리 불자들의 수준이 형식 불교를 한쪽에 두고 조용히 앉아서 자신의 내면으로 들어가서 기쁨을 가져 나와 평안히 쓸 수 있는지...

베푸는 마음을 실현할 수 있는지... 28년 동안 선재가족들과 실험해본 것이다. 결과적으로 내 목표는 이루어졌고 무조직 무주상의 실험도 완결되었다.

한 가지 아쉬웠던 점은, 인생의 황혼기에 붙들 것은 오직 한평생 익혀온 신앙심으로 수행을 더욱 철저히 해서 돈독한 모습을 지녀야 하는데, 승이나 속이나 업이 지중하고 세태가 그래서 그런지 인간관계에 얽혀 노는 일에 연연하고, 순발력이 현저히 떨어짐에도 불구하고 서툰 몸짓으로 젊음 속에 섞이려 애쓰는 모습과, 밖으로만 구하면서 인색함과 노탐에서 물러날 줄 모르고 공부의 참 재미를 그렇게 가르쳐도 모르는 것이었다.

그건 그렇다 치더라도 중요한 것은 앞으로의 내 중노릇이라, 온전하게 산다고 해도 10년 이쪽저쪽 인데 하는 생각이 들면서, "그래 내가 세세생생에 안 해본 역할이 무엇이 있겠느냐 그냥 금생에는 지금까지의 내 모습대로 살다가 내 말대로 논두렁 베고 죽자" 해본다.

일이 수월하게 풀리는 것이 있으면 이리저리 꼬여서 잘 안 풀리는 일도 있어야 하는지 토굴 짓는 일이 쉽지가 않다. 물론 조그만 거처라 재원은 유념해 주시는 분들의 동참으로 준비가 되었지만, 18년 전에 국립공원에서 군에 농지 전용은 해놓고 건물을 등재해 놓지 않아 행정적인 절차에 막혀서 어려움을 겪고 있다. 싣달태자 수행자시절의 난행고행이 무엇인지 지금 내가 늦게 깨달아 가고 있다. 하지만 장애는 열정의 불씨가 된다는 신념으로 에너지를 얻으며 노력하고 있으니 언젠가는 가시적인 성과가 있을 것이라 믿고 나무 관세음보살..하고 있다.

그리고 일 년여에 걸쳐 준비해오던 수행지침서 '나라고 불리어지는 것에 대한 알아차림'이 이번에 출판되었다. 그 동안 십여 년의 우리 공부 출입식관 수행서가 나온 것이다. '토굴만 있으면 뭐하나 토굴 속에 간직된 무엇이 있어야 하지' 하면서 속으로 속으로 소망하던 원이 이루어졌다. '조용한 행복'만 말해놓고 그곳으로 가는 길도 마련해 놓지 않는다면 되겠는가 싶어 내 딴은 늘 걱정했던 일이 이루어져서 너무 기쁘다.

30여 년 전 태국의 수행처를 찾아 다니면서 생각했던 일을 이제야 손에 쥐게 된 것이다. 그곳 수행처에는 그곳의 수행 방식을 소책자로 만들어 놓고 누구에게나 "우리는 이런 식의 수행을 하며 삽니다." 하는 무언의 안내를 해주던 것이 인상적이었기 때문이다. "나라고 불리어지는 것에 대한 알아차림"은 호흡수행을 통한 자기개발서인데, 스님이 쓰다 보니 불교적 경향을 띄고 있을 뿐 숨 쉬는 사람이라면 누구나 일별해 보고 '늘 깨어있는 자기에 의지해 살아야 한다.' 는 메시지를 느낄 수 있을 것이다. 내용에 부족한 점이 많겠지만 그 동안 관심을 기우려 노력한 분들은 그간에 수행해온 것을 정리하는 의미에서 읽어보고 집에서 정진하는데 도움이 될 수 있다면 다행이겠다.

이제 도현의 내일을 말한다면, '단월'이란 소식지를 통해서 후원자로 남아있는 여러분과 봄 여름 가을 겨울 그렇게 소통하며 지나려 한다. 이 지점이 나에게 있어서는 제3의 전환점이 되겠다. '더불어 하나만 보다가 하나를 놓고 모두를 본다.' 는 심정으로 옛 인연과 새 인연을 함께 아우르면서 사는 삶을 사는데 까지 가서 회향하려고 하는 것이다.. 보현행원으로 주는 불교를 하고, 위빠사나로 수행 불교를 하고, 반야바라밀로서 원통불교를 하려는 참이다.

여기서 잠깐 단월(檀越)의 의미를 살펴 볼 필요가 있어서 해설을 해보자면,
'단'은 반야심경에서 서두에 일체의 고난을 건너는 방법 (육바라밀)중 첫째가 단나(보시)바라밀이고, 끝에 *'아제아제 바라아제 바라승아제 모지사바하'* 는 "가세 가세 어서 가세 저 언덕으로 어서 가세" 가 '월'이다. 우리가 가장 가까이 두고 애송하는 반야심경의 정수를 따서 '단월'이라고 한 것이다.

'단'은 음역으로 단나바라밀의 보시를 의미하고 '월'은 의역으로 건넨다는 뜻이다.

보시에는 크게 세 가지가 있는데,

첫째는 재보시, 둘째는 법보시, 셋째는 무외시다.

재가자는 재보시로 승가를 공양하는 신도고, 출가자는 법보시로 재가자를 공양하는 신도다. 이 두 신도가 주고받으면서 만들어내는 보시가 무외시다. 무외시란 삶의 질곡과 아픔에서 초연하고 죽고 사는 일도 자연스레 수용할 수 있는 정신적 재산이다. 이 재산을 우리가 함께 쓰고 이웃에도 나누자는 의미가 「단월」이라는 말에 함축되어 있다는 점을 말씀 드린다.

이러한 의미를 알고 동참하시고 이웃에 친한 이들과 함께한다면, 선재회는 죽었지만 「단월」로서 보다 참신하게 부활해서 나의 삶도 우리의 삶도 멋있게 마무리 할 수 있으리라 생각해본다.

오랜 가뭄에 대지가 메말라 마당에 물을 뿌려주면서 지나다 보니 가끔 비가 오기도 하는데, 지성이면 감천이라 했던가, 나와 나의 주변 그리고 여러분의 소망에도 불보살님의 감응이 있기를 바라본다. 요즈음 임시 내 거처인 보살님 집 아래채를 바라보니 등나무 넝쿨이 흐드러지게 얽혀 있고, 능소화 줄기도 무성하여 자주 빛 노란 꽃을 아름답게 피워준다. 푸른 산, 아늑한 정원, 한가함이 넘치는 이곳... 현재의 상황을 즐기는 나에게 여기는 둘도 없는 아름다운 토굴이다.

출입구 한 쪽에 며칠 전 선재난야에서 모셔와 세워둔 선재동자의 옆모습이 너무나 귀여워 언제나 한결같이 말없이 바라보아 주는 어느 단월이 생각난다. 나를 속 깊이 생각해주는 그 미소가 한 없이 고맙다.

여름 무더위에 모두모두 건강하시길 두 손 모으며……

한차례 지나가는 소나기를 바라본다.

2012년 7월1일
단월 행자
도현 합장

단월 제2신 (가을)

해를 바라보고 서면 그림자는 등 뒤로 간다.

　반이나 흐린 하늘에 구름이 멈춘 듯 바람 한점 없는 산 중, 툭툭 떨어지는 밤송이가 고즈넉한 분위기를 깬다. 아직도 푸르른 파초잎 너머 산색은 갈색으로 변해가고 있다. '이 또한 지나가리라.' 어느 시인의 말소리가 들리는 듯 하다.

　추석을 하루 앞두고 연암토굴에서 첫날밤을 잤다. 오랜 여정이었다. 꼭 아홉 달 만이다. 만감이 왔다 갔다 하느라 잠을 설쳤다. 2011년 12월 31일 저녁 일곱 시 토굴의 불길이 사그라질 때 참담했던 심정을 생각하니 다시 내 마음 속에 불씨가 살아난다.

　난감했던 마음을 어쩔 수 없어 걸망을 지고 도반이 주지를 맡아있는 선림사로 가서 석 달 동안 관세음보살님께 기도를 드렸다. 지성이면 감천이라고 이 세상에 현존하는 관세음들께서 내 마음의 소원을 듣고 가피를 주셨다. 그 어느 전생에서부터 맺어온 부처님과의 인연인지 불보살님의 은혜가 심금을 울린다. 부족하고 모자라는 중노릇도 어여삐 여겨 거두어주시니 고마울 따름이다.

얼마 전 서울 북한산 아래 선원사(仙元寺) 개원식에 법사로 초청 받아 간 적이 있다. 노부부가 사시다가 일 년 전에 할머니가 돌아가셨는데 병상에 있을 때 할아버지와 아들 가족들이 한마음으로 어느 참신한 비구니 스님에게 시주한 절이다.

젊은 시절 할머니에게 신이 왔는데, 완고한 할아버지께서 신을 부리지 말고 부처님께 의지하자고 해서 어느 대학의 교수 집을 사서 가족들만의 불당으로 만들어 신앙생활을 해왔다고 한다. 마침 내가 잘 아는 비구니 스님과 인연이 닿아 오늘의 선원사가 된 것이다.

간절하면 이루어진다고 했던가! 내가 알기로 이 비구니 스님도 토굴 하나 마련하려고 십 수 년을 남몰래 기도하며 공부하고 선방에서 정진하며 지냈다. 두 분의 고마움에 보답하려고 할머니의 이름 '선(仙)'자 한자와 할아버지 이름 '원(元)'자 한자를 따서 선원사(仙元寺)라고 했단다. 참으로 기특하고 아름다운 일이었다.

그날 그 절에서 한 법문의 주제가 '태양을 마주하고 서면 그림자는 등 뒤로 간다.'였다.

요지는

아!
빔비사라 왕이
처음으로 죽림정사를 지어 승가에 바친 후
얼마나 많은 단월들이 수 없는 절을 지었던가!

오늘 이 절을 창건하여 불자들의 기도처 수행처 복전을 마련해주신 보살님의 명복을 빌고 노 거사님의 가족 분들께 무량한 복이 있기를 빕니다.

또한 청춘을 불사르고 붓다를 스승으로 귀의해서 원력을 세워 기도하는 도중에 비원이 성취되어 오늘에 이른 스님! 인연을 만나는 길이 멀기도 했지만 이러한 선연으로 더욱 참신한 원을 성취해 나가시길 바랍니다.

하고많은 사람들 중에 오늘 모인 우리들 스님네와 신도님들 좋은 인연을 수희찬탄 하면서 함께 기뻐함은 무엇을 위함입니까?

스님들은 원과 원불과 원력과 원행을 성취하기 위함이요. 신도님들은 저마다 가족들의 일상이 평안하고 행복하며 지혜롭게 살고자 함일 것입니다.

　내게 힘이 없을 때는 불보살님께 의지하여 새로운 희망과 용기를 북돋우고, 나에게 자력의 힘이 넘칠 때면 남을 돕고 봉사하면서 보다 높은 인격자로 거듭나야 할 것입니다. 절에 나가는 이 과정과 생활을 하나로 여길 때 우리들의 삶은 여유롭고 윤택해 질 것입니다.

　(중략)

　진정으로 행복한 삶을 살고자 하면서도 정신적 재산을 저축해 놓지도 않고 베푸는 바도 없으면서 행복하게 살고자 한다면 마치 어리석은 사람이 잔고도 없는 통장을 가지고 은행에 가는 일과 무엇이 다르다 하겠습니까? 라고도 하고, 또 승가대학에 젊은 학승들이 30명 가량 참석해서 앞으로 어느 절 주지라도 하거들랑 절 운영하느라 급급해서 방편이란 미명하에 신도들을 어리석게 만들지 말고, 정법으로 인도해라 그래야 미래불교가 발전한다. 신도님들은 스님들이 어떻게 가이드 하느냐에 달렸다는 말도 했습니다.

　불자 여러분!
우리에게 부처님은 태양입니다. 부처님을 바라보면 우리의 근심걱정이 등 뒤로 사라집니다. '꿈과 신념, 희망을 안고 즐거운 나날을 살아갑시다.'로 중간에 이것저것 물어가며 재미있게 법회를 끝냈다.

마침내 토굴의 공사가 마무리되어 입주할 날과 개원식이 일치해서 진심을 다해 법문 했다. 도현스님 토굴 이야기에 무슨 다른 절 개원식 법문인가 하겠지만 북 가장자리를 치면 가운데가 울린다고 내 토굴 재건의 의미를 간접 표현 한 것이다.

그렇게 하고 돌아와서 지금은 따뜻한 방에 방석을 의지해 엎드려 이 글을 쓰고 있다.

세상살이 다 어려운 줄 알았지만 내 생애 이 토굴 짓는 일만큼 어려운 일도 없었다. 결과적으로 꿩 잡는 새가 매라고 적은 일이지만 신념과 꿈으로 긍정적인 마음으로 꿋꿋이 참고 기다린 것이 나의 부처님이 되어주었다. 참으로 지난 선재회원들과 단월의 염력이 아니었다면 어떻게 되었을까? 생각하면 감사할 뿐이다.

언젠가 내가 한말 중에 수행자란 불편함을 선택해서 그 불편함이 없어지면 다시 또 조금 더 불편함을 택하는 것이 수행자라고 했다. 그런데 여러 사람들의 의견에 밀려 불편함을 견지하지 못한 것이 부끄럽다. 거처의 크기가 4평에서 5평이 된 점이나 없던 전기가 설치된 것이다.

토굴의 구조는 그대로 유지하고, 불 때는 불편은 있지만은 온돌방을 고수한 것은 다행이라 여겨진다. 아무튼 촛불 아래 살던 사람이 광명천지 전등불 아래 산다는 것은 큰 변화가 아닐 수 없다. 자라보고 놀란 사람 솥뚜껑보고 놀란다고, 아직은 불전에 촛불을 켜지 않고 잠 잘 때 사용하는 미등을 밝혀놓고 있다.

혹여 부처님은 어떻게 모셨을까? 약간은 궁금해하실 것 같아 사전에 소개를 하자면, 방의 전면 벽장 중간에 칸을 지어 아주 작은 부처님을 모셨다.작은 뼘, 한 뼘 크기로, 내용은 보리수나무 아래서 다섯 비구에게 최초의 설법을 하시는 테마가 있는 열린 불감 형태다.

불교가 처음 시작되는 장면을 묘사한 극적인 순간을 무명의 조각가가 포착한 것이다. 부처님이나 제자들의 모습이 두루뭉실 눈도 없고, 코도 없고, 귀도 없고 입도 없는 모습이나 아주 자세히 보면 또 있다. 내 딴에는 너무나 애정이 가는 아끼고 싶은 불감이다.

이제 여기 살면서 내가 해야 할 일은 무엇인가?

모든 생명을 존중하는 일,
언제나 누구에게나 베푸는 일,
서로서로 사랑하는 일,
정직한 마음으로 진실을 말하는 일,
항상 깨어있는 일이다.

이것은 우리 불교도가 짓는 무너뜨릴 수 없는 다섯 가지 맑은 복이다.
나는 여기 이 거처에서 수행 정진하며 마음 속에 부처님을 모시고, 나의 그늘과 다른 사람들의 그늘을 지우면서 살 것이다.

어느덧 저문 산 계곡의 물소리가 올라오는 초가을이다.
아궁이에 불을 지펴야겠다. 끝에 시은을 생각하면서 시 한 수 두고 축원하며 맺는다. 환절기에 단월 가족 여러분 감기 조심하시길 빌며...

참으로 묘한 일

나에게 무언가를 주어놓고
말 한마디 없는 사람

모로 누워도 생각나고
반듯이 누워도 생각나고
앉았거나 섰을 때도
마음에서 떠나지 않네.
나도 무언가를 주어놓고
말없이 할까 보다.

축원

우리 모두가 정업을 닦는 공덕으로
나의 가족들과 모든 이웃이 행복하여 지이다.

우리 모두가 정업을 닦는 공덕으로
나의 조상들과 모든 이웃의 조상들이
*이고득락(離苦得樂)하여 지이다.　　*괴로움에서 벗어나 즐거움을 누림

우리 모두가 정업을 닦는 공덕으로
일체중생이 모두 성불하여 지이다.

2012년 10월 1일
단월 행자 도현 합장

가는 세월

앙상한 나무들 사이로 가을의 흔적이 사라지고 삼엄한 동장군이 두리번거린다. 그렇잖아도 쓸쓸한 인생이 날씨조차 추우면 더욱 서럽지 않겠는가? 올 겨울은 처음부터 춥다더니 정말 이럴 때는 날씨예보가 좀 틀렸으면 좋겠다. 산중에 사는 나는 숲이 베풀어주는 숱한 나무 덕에 따뜻한 방에서 살지만, 아궁이에 넣을 나무가 아니라 연탄 몇 장을 아끼려고 냉기가 감도는 방안에서 새우잠을 자는 어려운 분들이 많은 세상, 그리고 그분들을 돕겠다고 따뜻한 마음들을 모아 나누는 이웃들, 그래서 세속은 차갑고도 훈훈하게 느껴진다.

나도 늘 단월들에게 받기만 하다가 이번에는 물심으로 주고 와야 할 여행을 5박6일간 다녀왔다. 하동을 거쳐 가는 무궁화호를 타고 청도에 갔다가 다시 그 기차를 타고 차창의 겨울 풍경을 바라보면서 하동역에 되돌아와 내렸다. 시골역의 플랫폼 오후의 한때, 안개가 흐릿한 저만치서 초로의 누군가가 손을 흔들어 주었다. 픽업하러 온 보리행 보살님이었다. 순간 그 등 뒤에 숱한 선재가족들이 스쳤다. 모두의 젊음은 철길 따라 가버리고 아련한 세월 속에 귀밑머리 희어진 영상, 참으로 아름다웠다.

이번에 갔다 온 청도의 조그만 암자에서는, 조계종 종립 중앙승가대학교 3학년 학생 팔정도 스터디 회원들이 모여서 위빠사나 집중 수련을 했다. 풋중들이라 순수한 내가 나서 좋았다. 나는 그들의 젊음이 고마웠고 그들은 나의 리얼한 태도가 마음에 닿았나 보다. 헤어질 때 청도역까지 나와서 기차에 오를 때까지 걸망을 져다 주던 후배들을 바라보면서, 함께 좌선하던 즐거움을 그들에게 이렇게 남겨 주었었다.

술도 안마시고
말도 없이

스님들 앉아서
잘도 노네

탁자 위에 부처님
미미소가

스님들 얼굴에서
은은히 피어나네

이 즐거움 하나 세상에 전하자고 우리는 중노릇을 한다고도 했다. 그리고 우리 모두는 비교 우위를 논할 사람들이 아니라, 저마다의 캐릭터를 찾고 포지션을 정해서 이 세상에 조금이라도 유익한 사람이 되자는 것이니, 무엇보다 자기 자신을 소중히 여기며 자긍심을 가지는 것이 중요하다고 했다.

"언제 봄에 스님 승가대학에 오셔서 특강 한번 해 주시면 안돼요?" 그래서 "그래 그때 봐서"......해놓고는 왔다.

일주일 만에 둥지로 돌아오니 내 보금자리가 낙엽으로 어지럽다. 비에 눈에 얼어붙어 서릿발까지 솟아 날이 풀려야 정리가 될 것 같아 우선 방에 군불부터 때었다. 가기 전에 굴뚝에 통풍기를 설치해 놓고 가서 불을 집혀보니 바람이 부는데도 굴뚝에 연기가 펑펑 난다.

한쪽이 기울면 한쪽이 오른다고, 토굴 마당보고 처진 마음이 아궁이 불 더는 것 보면서 가볍게 올라간다. 방바닥이 따뜻해 질

동안 보조 난방기로 실내공기를 데우면서 차를 다려 앞산을 바라보며 마시니, 이 내 무슨 복 인고 싶다. '지금 이 순간을 달게 마시며 옛일도 생각하고 미래도 꿈꾸면서 사는 것이 현법낙주(現法樂住)'라고 후배 스님들에게 전해준대로, 간간히 찾아오는 나그네들과 담소하면서 남은 겨울을 보내야겠다.

단월 여러분들의 겨울도 이와 같기를 생각하면서 또 한 해를 보낸다. 벽장 안에서는 어느 도반이 보내준 오디오 속에서 "옛날에 그 길을 꽃가마 타고..."가 드럼의 반주 속에 쿵쿵 울려 나오고 창밖에는 하얀 눈이 온다. 아! 방이 따시다.

2013년 1월 1일
계사년 새해 아침
지리산 연암난야에서 도현 합장

단월 제4신 (봄)

비가 와줘서 고마워

　잠결에 누가 추적이며 오는 소리가 들려 눈을 떠보니 어제 저녁부터 흐릿하던 하늘에서 비가 내린다. 일어나 앉으니 새벽 두시다. 풀썩이던 마당의 메마른 먼지를 잠재워주고 웅덩이의 개구리들을 노래하게 만드는 봄비가 고맙다.

　며칠 전부터 볕이 따사로워 매실나무를 자세히 살펴보았더니 꽃봉오리가 눈도 못 뜬 애기처럼 곰지락거리고 있었다.
아! 자연의 신비, 누군가 그랬다. '달력도 시계도 없는데 어쩌면 이렇게 잘 알아 계절은 때맞추어 오는고' 라고……
　깜깜한 바깥엔 추녀 끝의 낙숫물 소리만 들리고 나는 주변이 궁금해서 문을 열고 나간다. 추녀 아래서 손전등으로 이리저리 비추어보니 푸석하던 흙들이 차분하게 가라앉아 어린 얼굴로

비를 맞는 아이처럼 마당이 신선하다. 이럴 때 방을 따뜻하게 해놓고 있으면 참 좋다는 몸으로 아는 경험이, 나를 어느 사이 집 뒤로 돌아가 굴뚝 통풍기 코드를 꽂고 아궁이 앞에 엎드려 군불을 집히게 한다.

낙엽송 장작은 불담이 그다지 세지는 않으나 연기가 적고 불기운에 장작불똥 튀는 소리가 음악적이다. 개구리들의 합창과 낙숫물소리가 화음을 이루는 새벽 산중이 오케스트라의 공연장 같다. 나는 앉아서 검은 장막을 드리운 바깥을 바라보고 바깥의 식구들은 환한 아궁이의 불빛에 이끌리어 온다. 우연히 마주친 눈이 네 개 어! 마음을 두고 보니 부엌 문턱에서 개구리 한 마리가 자기 식구를 업고 나를 빤히 바라본다.
허! 그 참, 요놈들이 귀엽다.

떨거덕 거리는 솥뚜껑에서는 증기기관차의 수증기 같은 김이 나오고 좁은 부엌 공간엔 안개가 자욱하다. 화끈한 불기운에 밀려나와 심호흡을 하고 집 뒤로 돌아가서 통풍기 코드를 뽑고 마루로 들어와 예의 자리에 앉아서 포트에 물을 끓인다. 천상의 목소리 조수미의 CD를 플레이 시켜놓고 제석천이 보내준 시리얼에 우유를 부어서 밥처럼 꼭꼭 씹어 먹는다. 바나나 하나와 사과 반쪽은 반찬...후식으로 커피를 마시고 녹차로 입가심을 하며 오매가3를 두 알 삼켰다.
조촐한 아침이다.

어느 듯 등 뒤가 훤해서 창호를 열고 계곡으로부터 올라오는 물소리를 들으며 물소리를 따라서 내려간다. 섬진강으로 남해 바다로 바다 넘어 동남아의 한 나라로 나의 의식이 확대되어 나아간다. 타임머신을 타고 잠깐 과거로 소급하니, 이 시간에 나는 오렌지 빛 가사를 수하고 맨발에 발우를 들고 시주의 집 문전에서 탁발을 하고 있었다. 여러 해를 그렇게 지나면서 부처의 지혜를 배웠었다. 태국에서는 스님들이 목탁도 안치고 요령도 안 흔들고 단지 부처님의 말씀을 배우고 수행하는 것만으로 시주의 공양을 받고 있어서, 나도 그렇게 해보자 해서 여기서 이렇게 살고 있다 생각하니 한때의 인연이 일생의 진로를 정해주기도 하나보다.

다시 실시간의 현장이다. 방문턱에 기대어 덧 유리창을 바라보니 내 머리 위에 방에 모셔놓은 불상이 거울 속에 비치듯 나타난다. 처음으로 불교가 시작되던 그날 붓다께서는 다섯 비구에게 말씀하셨다. "인생살이에는 즐거움과 괴로움이 함께하고 잘 살고 못 사는 것은 저마다 자기하기에 달려있다. 만족한 삶을 원한다면 때에 맞추어 그 원인을 심어라. 언제나 그 결실이 그대들을 편안하고 즐겁게 하리니...."라고 말씀하시는 것 같다.

어제는 구례 장에 가서 모란과 라일락 수선화 그리고 매실 묘목을 한두 포기씩 사다 심었다.
오고 가는 길에 산수유 꽃 매화가 다투어 피고 보리밭은

푸르렀다. 훈풍이 찾아 드는 장터에는 따뜻한 삶이 아지랑이처럼 일렁이고 있었다.

시장

온갖 것이 다 있다.
거래와 흥정이
조용히 이루어지고

저마다의 마음속에
삶의 애환과
여타의 심상들이
전을 벌린다.

주거니 받거니
끊임없이 이어지는
인정의 순환...

최근 일이 년 여에 걸쳐서 겪은 많은 일중에 내 마음의 비중을 차지한 것은 믿음에 관한 것 이었다. 가장 소중한 믿음은 자기 자신을 믿는 것이고 붓다의 가르침을 믿는 것이지 속절없이 변해가는 인정이나 조건 따라 변해버리는 마음들이 아니라는 것을 알았다. 설사 신뢰가 있어 착한 일을 도모한다 하더라도, 서로의 견해가 맞지 않으면 좋은 일도 이룰 수 없고 인간관계도 바른 기준(정견)이 없으면 소원해 진다.

중은 붓다의 가치를 기준으로 삼아 가난해도 빌붙지 말아야 한다. 그냥 나무처럼 그 자리에 서 있을 뿐 모든 것이 지나가게 해야 한다는 정리를 하게 되었다. 참으로 역순의 경계는 큰 공부가 되었었다. 메마른 내 의식에 단비가 되어 주었다.

자기 스스로 정한 약속을 오랜 세월이 지나도 잘 지키는 사람, 그는 스스로 자족하며 이웃에 조그만 기쁨을 주면서 이 세상에서나 저 세상에서나 편안하리라고 하는 가르침을 상기하면서, 장에서 구해다 심은 나무의 묘목을 넉넉한 봄비가 흠뻑 적셔주는 아침을 맞는다.

차별 없이 베푸는 하늘의 무량한 보시정신을 배우면서 나도 부실한 나의 신심의 뿌리를 좀 더 깊이 내리려고 불전에 엎드려 절할 채비를 해본다. 잎을 틔우고 홀로 사는 기쁨을 새롭게 만들어 가야겠다.

단월 가족 여러분과 모든 이들이 꽃다운 봄, 아름답고 건강한 봄,

즐겁게 누리는 봄을 만끽하시길 바라면서......

"비가 와줘서 고마워"라고 다시 한 번 혼잣말을 해본다.

2013년 4월 1일
지리산 연암토굴에서
도현 합장

연암난야는 경남 하동의 화개장터에서 쌍계사 방향으로 지리산 계곡을 따라 대략 15㎞쯤 거슬러 올라가다 보면 나타나는 의신(義信)마을에서 조금 더 위로 올라간 숲 속에 있다.

마음의 정원

이 산중에 무엇이 있기에 나는 여기서 서성이고 있는가...

새벽에 일어나 백팔배를 하며 마음의 문을 열고 잠자기 전에 백팔배로 문을 닫을 때 까지, 산을 스쳐가는 구름과 나뭇잎을 지나가는 바람, 새들의 노래, 웅덩이의 비단 개구리 울음소리, 춤추며 자라는 젊은 파초... 창을 열고 앞산을 바라보면 산 숲에 여과된 계곡의 물소리만 심저에서 올라온다.

어제 오후에 잠시 마을에 갔다 오니 나그네가 문고리에 통밀 라면을 메달아 놓고 갔다. 오늘 아침은 묵은 김치를 냄비아래 깔고 그 통밀라면을 보글보글 끓여서 뜸을 들여 맛있게 먹었다. 후식으로는 도광거사가 보내준 파이 같은 달콤한 비스킷에 커피 한 잔, 그리고 함께 부쳐온 CD를 깔아 놓으니 피아노곡의 여백이 좋다. 다시 무엇을 바라랴......

　매월 보내주는 단월들의 고마운 복전과, 내가 일 년에 한두 번 나가서 벌어오는 초파일 법문보시, 그리고 토굴살이를 알아서 쥐도 새도 모르게 도와주는 몇몇 분, 그렇게 나의 작은 삶은 적절하다. 그래서 조석으로 늘 감사기도 드린다. 그리고 그 동안 두 해와 이 봄이 지나가는 도중의 석 달은 참으로 여러 가지 일이 있었다.

　나는 부처님 오신 날을 기해서, 년 년이 가던 중국의 대련 길상사로 국내의 일산 금어사와 시흥 법련사를 오가며 2주간 외유를 했고, 보리행 보살님은 25년간 해오던 대로 떡을 해서 동네 집집이 돌리고, 주인 없는 토굴에서 마을 노보살님들이 올라오시면 차를 대접하고 집에 있는 등 잘 켜시는지 점검 하며 지냈다.
　특기할 만한 것은, 보리행 보살님이 오고 가는 우리 단월 가족을 민박에서 머물게 하는 것이 마음에 걸려, 이번에 아래채를 뜯어내고 조그만 목조 건물을 하나 지었다. 아이디어가 심플한 작은 공간이지만 몇몇이 쉬어갈 만한 곳이 되지 않을까 생각된다.

　호사다마라고 했던가... 올해 팔 년째 타고 다니던 세워 논 말을, 어떤 술 먹은 사람이 미친 듯이 차를 몰고 와 죽어라 뒤쪽을 들이받아 보살님 차도 그 차도 모두 폐차 했는데, 보살님

차가 충격 흡수를 해주고 그 사람 차 에어백이 터져서 다행히 사람은 다치지 않았다. 그 사람도 사정이 딱한지 보험에만 미루고 얼굴을 내밀지 않는다. 미안한 것은, 그 동안 정이든 그 말을 곱게 보내주지 못하고 뒷다리를 다 부서지게 해서 견인차에 끌려가게 했으니 차에게 면목이 없다. 살신성인으로 사람목숨 살리고 갔으니 고맙다만 그래도 안됐다는 생각에 짠하다. 아이들이 왜 인형을 가지고 우는지 그 정황을 알만하다.

그럭저럭 두 해가 지나가는 사이에, 토굴이 불타고 선재회가 해체되고 토굴을 다시 짓고 단월을 만들고 그렇게 그 동안 많은 일들이 있었지만, 이제야 여러 모로 정리가 되어서 레퍼토리가 있는 해피엔딩으로 봄날은 갔다. 이제 곧 장마가 온다 하니 단월 여러분들도 건강 조심하시고 집안에 우환 없이 시원하고 즐거운 우기와 더위를 지내시길 바라본다. 생각해 보면 금생에 우리는 어쩌다 이렇게 만나 붓다의 제자로서 살게 되었는지....

이제 남은 것은 저마다의 정원을 열심히 가꾸고 아름답게 연출해서 편안한 휴식을 스스로 누리고(자리) 이웃과 함께하는 일 (이타) 뿐인 것 같다. 부평 같은 인생이 이와 같다면 무슨 후회가 있으랴... 마음의 정원을 해탈의 정원으로 만들 수 있는 왕성한 여름이 온다.
어디선가 맴 맴 맴 맴 맴의 노래가 들려올 듯 하지만 아직은 아닌 적요한 산중에서, 나에게로 들리어오는 소리 있어 마음에 걸어두며 맺는다. 모두 다 평안하시고 건강 하시기를....

좋은 일이 있을 때 자만하지 말라!

2013년 7월 1일
연암토굴에서 도현 합장

연암난야 전경

예부터 전해 내려오는 「연암터」는 조선시대 서산대사의 스승인
부용영관(芙蓉靈觀) 스님(1485~1571)이 이 터에서도 공부했다는
얘기가 전해질 정도로 수행의 명당이기도 하다.

중심에 머물다

새벽에 일어나 단정히 앉아 본다. 창 밖엔 달빛이 선하고 사위는 적막감에 나뭇잎 하나 움직이지 않는다. 조용히 들려오는 수각의 물소리와 풀벌레의 가녀린 울음소리... 산중은 한 폭의 정물화다. 심신의 안과 밖에 아무것도 걸리지 않는 이 고요를 감당하지 못한다면 중심은 와해되고 말 것이다. 당신은 이 적요한 중심을 아시는가... 당신은 홀로 고요함에 처해있을 때 그 공허한 고독에 머물러 중심이 없는 중심을 즐길 수 있는 사람인가... 아니면 무슨 일인가를 생각하고 만들어서 그 중심을 감당 못해 다른 재미있는 일을 찾아 헤매는가...

수행자란 잘 도정된 쌀에서 미와 같은 존재다. 쌀은 지금 사람의 배를 불려주지만 미는 다음 사람의 양식이 되어준다. 미는 바깥으로 내쳐지지만 거기서 뿌리를 내리고 열매를 맺어 쌀의 종자를 전승한다. 그대는 고독한 수행자의 꿈(정법의 전승)을 꾸어본 적이 있는가? 많은 스님들이 다양한 방편으로 믿음을 지닌 불교도에게 현세에 이익이 되는 불사를 행 함으로서 사원은 유지하고 있지만, 정법이 무엇인지 알려주는 정도가 소극적이기 때문에 바른 불교의 중심은 흔들리고 있다.

우리는 언젠가 한줌의 재가 되고 혼자서 달랑 자기 업을 쥐고 다음 생으로 간다. 중심이 없으면 가상 자리로 돌 수밖에 없다. 육도윤회는 이를 두고 하는 말이다. 이 윤회를 벗어나는 길을 가르치고 이해하고 실행하는 것이 정법(바른 불교를 실천하는)을 수호하는 일이다. 이러한 수행자들을 의식 있는 불자라 한다. 세간에서 구하는 명과 복 부귀영화 명예는 여기에 따라오는 덤이다 라고 생각하는 먼저와 나중을 챙길 줄 아는 불자가 그립다.

심신에 아무 일이 없을 때 무료해 하지 않고 그 무료함을 즐길 수 있을 뿐만 아니라, 그 어떤 난제의 흔들림 속에서도 안정된 사람을 일단 중심에 머무는 사람이라고 정의할 때, 지금 당신은 중심에 머물고 있는가?..... 중심에 머무는 사람은 행복하다.

붓다께서는 생존 시에 몇 가지 기적을 보이신 적이 있는데 망고나무의 기적으로 전승되어 오는 설화가 있다.

한 때에 부처님께서는 여러 제자들이 지켜보는 가운데 망고

나무의 묘목을 심고 물을 주니 나무가 자라서 열매를 맺었다. 고속카메라를 이용해서 꽃이 피는 것을 즉석에서 보여주듯이 망고의 달콤한 맛을 제자들에게 보여주신 것이다. 수행하는 행복은 나중이 아니라 여기에서 지금 맛보는 기쁨 이라는 교훈을 주신 것이다.

새벽에 앉아보니 심신의 경계가 좋아서 적어 보긴 했으나 사실은 이것이 내가 여기 존재하는 이유고, 나의 중심에 머무는 것이고, 이승에서나 내생에서나 나의 의지처라는 확신을 한다. 물론 선적인 것 이외에도 생활의 실천 면에서는 팔정도가 있고, 교의면 에서는 사성제의 이해가 있다. 사성제의 이해란, 올바른 세계관과 인생관을 정립하고 사는 어리석지 않은 지혜로운 이들의 삶을 말한다는 것을 불자라면 누구나 다 잘 알 것이다. 이러한 지적 재산을 인연 있는 분들과 나누면서 산다고 생각하니 내 가난한 삶이 넉넉하다.

최근에 오고 가는 나그네들에게 세상사는 이야기를 듣다 보니 사는 일이 어렵게 느껴진다. 우리처럼 혼자 사는 인생이 아니라서 걱정하고 고민할 일이 많으리라 짐작은 하지만, 그래도 겉모습은 좋아 보여 혼자서 속으로 이런 생각도 해보았다. 그냥 겉모습처럼 멀쩡하게 살면 편할 텐데....하드웨어(몸)는 이상이 없는데 소프트웨어(마음)에 문제가 있구나, 마음먹기 달렸는데 해보건만 스스로 깨달아야지 어쩔 수가 없다. 어쩌겠는가? 저마다의 생각이 저마다의 복인데 그 복을 마음대로 쓸 수 없으니...

다행히 정법을 알고 마음의 중심을 잡고 사는 사람들이 있어서 이 세상이 이나마 존재한다 생각하니 고마울 뿐이다.

날이 밝아 마당 쓸고, 세수하고, 차를 우려 마시며 잘 정돈된 주변을 바라보면서 아침 해를 맞으니 환희심이 난다. 늘 희망찬 생각을 하면서 내가 아는 인연들이 모두 다 잘 되었으면 하고 기도한다

나무 일광보살 마하살

2013년 10월 1일
연암토굴에서 도현 합장

연암난야 처마 끝에 달려 있는 풍경(風磬)

단월 제 7신 (겨울)

아름다운 마무리

어제는 산중에 눈보라가 몰아치면서 추녀 끝의 풍경을 몹시도 때리더니, 오늘 아침은 화창한 날씨에 맑은 해가 비친다. 풍경은 밤새 지쳐 잠들고 창호에 비치는 햇살이 선하다. 아침 군불을 집히면서 부엌의 훈기에 움츠리던 어깨가 펴지고, 아궁이의 불꽃에 마음이 투명하게 열리니 세모의 정서가 등 뒤로 스며든다.

20여 년 토굴 살이 하면서 최근 이삼 년간 나는 많은 어려움을 당했다.

초막이 불타 사라져 천신만고 끝에 새로 짓고, 선재회를 해산하고, 선재 난야를 정리하고, 조그만 진락당(참 즐거운 집)을 지었다. 떠나지 않고 남은 이들이 있어 다시 '단월'을 만들어 예와 같이 회신을 보내고, 낡은 차도 취한이 들이받아 폐차하고 반년이나 불편을 겪었지만 불편이 익숙해 지려할 때 차가 생겼다.

전화위복, 전화위복 하면서 2년을 지나고 이제 3년 차에 들어서면서 본래의 페이스를 찾았다. 겉옷과 속옷을 갈아입은 개운한 마음처럼 심정적으로는 어려운 일을 겪으면서 발전하고 더욱 편해졌다. 신심과 원력을 가지고 물러서지 아니하면 불보살님이 감응해 주신다는 확신을 얻었다.

이제 해야 할 일은, 단월과 만남의 기회도 갖고, 남은 선재회원 중에 수행의 즐거움을 누릴 줄 아는 사람들과 일 년에 두세 차례 내 토굴과 보리행 보살님 아래채 진락당을 오르내리며 아주 수월케 공부하면서 곱게, 맑게, 아름답게 늙어 가는 일이다. 그리고 청하는 곳이 있다면 법문도 해주고 함께 수행도 하면서, 탁발한 것으로 내 거처인 꼬마 절(연암)을 건사하고 소분이나마 내 역할을 하며 운용해 갈 것이다.

무엇이 남는가?
모든 것이 변해서 사라져가는 것을 진공(眞空)이라 하고 새록새록 빛으로 남는 것을 묘유(妙有)라 한다. 한때 고난의 소용돌이 속에 시달리며 뒤죽박죽이 되었다가 한바탕 바람이 닥치면 쭉정이와 알맹이가 나누어지듯, 나의 타작마당엔 이제 실속만이 남았다. 이 또한 지나갈 일들이고 나 또한 생(生) 노(老) 병(病) 사(死)의 전철을 밟고 있지만, 무상한 가운데 무상하지 않는, 변하지 않는 것은 이 가슴에 남아있는 믿음뿐이다.

큰 바다[불법(佛法)의 대해(大海)]에 몸을 던져서 죽은 듯 힘을 빼고 몸을 맡겨라! 죽어야 산다. 살려고 허우적거리다 익사하는 것이다. 불(佛) 법(法) 승(僧) 삼보를 의지한 우리 불자는 오계(五戒)와 육바라밀(六波羅蜜)에 의지해 살다 죽어야 한다. 그것이 이 삶을 아름답게 마무리 하는 길이다.

한 해를 보내면서 되돌아보니 여러 가지 은혜와 고마운 사람들이 많다. 나라의 은혜, 스승의 은혜, 부모의 은혜, 도반의 은혜가 있지만 스님들에게는 신도의 은혜가 단연 크다. 어떤 이는 이름도 없이 자신을 드러내지 않고 스님이 편하라고 말없이 도와주어 정말 나를 편하게 해주었고, 어떤 이는 사람들이 좀 잘 되었으면 하고 시주 했지만 적은 시주가 무거워 나는 수도 없이 절하며 그 짐을 날랐다. 편한 보시는 나를 평안하게 해주어 고마웠고 부담스런 보시는 나를 수행하도록 도와주었다. 그래서 모두 다 고마운 사람들이다.

회한이 뒤섞인 올 한해 슬프고도 기쁜 일들에 손을 흔든다. 잘 가라 세월이여!

2013 년 아듀 안녕, 안녕

2014년 1월 1일 갑오년 송구영신지일

꼬마절 (연암)에서
단월 행자 도현 합장

선재회 봄 수련회를 마치고 (2004년)

다시 만날 수 없는 바로 지금

늘 산중에서만 지나다가 바다가 그리워서 길을 나섰다. 화개를 지나가는 19번 국도를 따라 남해 바다를 보고 올 요량이었다. 화개동천을 따라 진분홍 진달래를 보며 달려오는 계절감에 놀라면서 섬진강변에 이르니, 천지에 매화꽃 구름이 피어나고 있었다.

주말이 아니라서 한가할 때 광양의 매화 농원에 들렀다 가자 하고는 홍 쌍리 가(家)에 들려서, 장독마당 너머 섬진강의 넉넉한 흐름을 바라보고 내려오는 길에, 이곳과 연계된 광양의 명소를 소개하는 안내판에서 백운산 옥룡사 동백림이 눈에 띄어서, 가자던 남해바다는 어디로 날아가 버렸다.

35 킬로를 달려 도착한 옥룡사는 신라의 도선 국사가 35년간 주석하시다 입적 하신 사찰이고, 당시에 풍수지리에 통달하신 스님께서 절 주변의 산세를 보완하기 위해서 동백림을 조성한 것이 오늘날 소중한 자연유산이 되었다고 했다. 동백림은 쌍계사 금당 주변에도 있고, 화엄사나 고창 선운사에서도 본적이 있어서 특별할 것은 없었지만, 옛 절터를 발굴하여 정리해놓은 곳에서 바라보니 주변의 산세가 편안하고 좋았다.

되돌아오는 길에 산동의 노란 산수유 축제를 며칠 앞당겨 구경하고, 게르마늄 온천탕에서 심신의 피로를 말끔히 씻었다. 구례의 꽃 농원에 들려 수선화와 작약을 사고 그리고 덤으로 주는 봄꽃을 몇 포기 얻어왔다. 그렇게 오늘 하루가 지나갔다. 그냥 아무 생각 없이 마음 내키는 데로 도중에 목적지를 바꾸어 가면서 바다 냄새가 아니라 꽃향기를 스치며 왔다. 특히 오늘 구례에서 만난 조그만 커피집 '티읕'에서 마신 손 커피는 기억에 남는다.

언제나 산중의 업에 묶여 토굴에만 있다가 무심코 나서보니, 세속도 지극히 고요하고 질서정연하게 흘러가고 있었다. 무엇을 이래라 저래라 할 것도 없이 농부는 밭을 갈고, 할머니들은 노상에서 봄나물을 팔고, 청춘 남녀는 저마다 맡은 배역에 따라 연출들을 잘도 하고 있었다. 나는 세상을 위해서 아무 일도 할 것이 없음을 자각하고 한가한 마음이 되었다. 내 할 일이나 잘하자, 다시 만날 수 없는 바로 지금을 정성스럽게 챙기자,

차근차근 누리자고 다짐하면서 어제를 접었다.

오늘 새벽엔 일어나서 조용히 앉아보니 봄비에 낙숫물 소리가 촉촉이 마음을 적셔준다. 살다 보니 아는 것이 줄어들어 바보가 되어가고, 남는 것은 모든 것이 고맙다는 생각뿐이다. 앞날의 꿈은 거울이 되는 일.... 누가 나타나도 분별없이 비춰주는 둥근 거울이 되고 싶지만, 얼마나 많은 생을 살아야 그리 될까 아득하기만 하다. 언젠가 이생을 접어야 할 때, 후회 없이 가기만 해도 금생은 성공이라 생각하면서 일어나서 불전에 절을 올린다.

이제는 세월을 두고 무엇을 이루어야 할 시간이 없다. 활력이 넘치던 젊은 시절엔, 온 세상 모든 사람 함께하면서 온갖 꿈 다 이룰 것 같았지 만은, 나이 들어 순발력이 떨어지면서 자기 몸 무게가 천근이라고 어른들 하시던 말씀이 이해가 간다. 어느 날 병이 들어 몸져누우면 자기 몸 밖에 무엇을 생각할 수 있을까? 나중에 숨마저 쉴 수 없을 때 명줄을 놓는 것은, 누구나 겪을 일이라 미루어 짐작하니 내일이 불을 보듯 뻔하다.

그래도 그런 이치를 염두에 두고, 내 앞에 다가오는 해야 할 일들을 좋거나 싫거나 간에 하나 둘 흔연스레 받아들이고 감당할 줄 알면, 미래의 걱정이 점차로 줄어들어 편안하지 않겠는가? 그렇게 하는 데도 피할 수 없는 운명이 찾아온다면, 그 일은 인연업보라 생각하고 겪어야지 어떻게 하겠는가? 이렇게 마음을 정리하면서 아침을 챙기고 차를 마신다.

운동 삼아 추녀 아래를 왔다 갔다 하다가 마당가에 매실나무를 보니 꽃봉오리에 몽글몽글 이슬이 맺혀 날이 들면 팝콘처럼 터질 것 같다. 태산을 들어다가 막는다 해도 저지할 수 없는 이 계절의 힘, 온화 하고 부드러운 질서를 배운다. 겨울 같은 죽음을 여지없이 녹이는 봄의 온기를, 배려하는 마음을...

이제 날이 들면 도량도 정리하고, 밭도 쪼아 채소 모종도 구해 심고, 나에게 주어진 이런 저런 일들을 찾아서 해야겠다. 지금이 지나가면 다시는 이 순간을 만날 수 없을 태니까....

좋은 삼월, 아름다운 사월, 나비 춤추듯 오월을 노래하며 즐겁게...

2014년 4월 1일
단월 행자 도현 합장

일 없이

파초 잎에 토닥이는 비 소리 들으며 정겨운 산중의 호젓한 거처에서 앞산을 바라본다. 운해 속에 계곡 물소리가 그윽하고, 숲은 초록빛 일색이다. 이 가지에서 저 가지로 나는 새는 간간히 지저귀고, 이따금 휘파람 새 울음소리도 들린다. 날 좋을 때 멀리서 아련히 들려오는 뻐꾹! 뻐꾹! 뻐꾸기의 소식에 인생이 꿈길처럼 여겨진다.

봄이 가고 여름이 오는 사이, 우리 마을에는 할아버지 한 분 할머니 한 분이 돌아가셨다. 세상에는 세월호 사건으로 슬픔과 비탄에 안타까움을 더하더니, 원망과 책임을 물으면서 시부지기 흐지부지 우리사회의 자기 부족을 절실히 실감케 한다. 천수가 다해서 자연으로 가는 길, 불의의 사고로 황망히 가는 길, 모두가 지구촌을 떠나는 길이다. 누군들 이 길에서 예외일 수가 있겠는가?

돌이켜 보면 이러한 일을 겪는 것은 우리 모두의 복이 부족한 탓이다. 개인이 겪으면 개인의 복이 부족한 것이고 여럿이 함께 겪으면 여럿의 복이 부족한 것이다. 앞에 경우는 별업이라 하고, 뒤에 경우는 공업이라고 불교에서는 말한다. 그래서 누구를 원망할 것이 아니라 우리가, 우리나라가, 개인이, 복이 부족해서 그렇다 생각하고, 유비무환으로 복을 짓는 것이 붓다의 가르침이요 지혜로운 삶이다.

물이 많아야 소금의 짠 맛을 희석 시킬 수가 있듯이, 어떤 경우라도 복이 많으면 재난이나 사고를 당해도 피해를 적게 입는다. 그래서 평소에 복을 많이 지어야 하는데 그냥은 안 되니까 작심을 하고 애써 노력해야 한다. 한마디로 복은 다른 사람을 위한 배려에서 생긴다. 왜 복을 지어야 하는지를 이해하고, 의식하고, 염두에 두고 실행하는 것이 수행이다.

또 여름에 깊숙이 들어왔다. 덥다! 덥다! 하면서 장마를 치르고 또 덥다! 덥다! 하면서 불볕더위를 보내면 가을이 올 것이다. 모두다 나이를 먹어가면서 세월이 빠르다고 하루가 잠깐이라고 성화지만, 세월은 유수와 같이 급히 흘러간다. 내가 이 마을에 처음 온 이후로 저 세상으로 가신 이가 서른 명도 넘는 사이, 그때 중년이던 분들이 모두 노인이 되었다. 그때 그분들이 다 가고 나면 우리 동네 노인이 없겠구나! 했는데, 지금은 그때보다 노인이 더 많다.

모두가 다 자연의 섭리려니 하면서 동네를 오르내리며 서로의 안부를 묻는다. 오랜 세월 스친 인연이 정으로 도타와 특별이 주고받는 것이 없어도 서로의 눈빛에 은근함이 서린다. 이것이 사람 사는 내력 아닌가 하면서, 시골에서 자연과 벗하며 큰 욕심 없이 사는 내가 기특타.

최근에 나는 한 가지 수행 방법을 택해서 작심을 하고 공부해보리라 하고는 시작을 했는데, 작심삼일은 아니고 작심 보름으로 끝이 났다. 명목은 '게으르기 수행'. 마당도 쓸지 않고 풀도 뽑지 않고 지내는 일인데 도중에 장애가 생기기 시작했다. 내 안에서 '부지런'이 발동해서 뭐 하는 짓이냐고 야단이고, 밖에서는 평소의 스님 같지가 않다고 빈축을 주어서 어떤 계기에 변명거리를 만들어 철회했다.

한 가지 배운 것은 습관은 고치기가 어렵다는 점이었다. 중이 중노릇 안하기가 어렵듯이 세속 사람이 스님 되기도 참 어렵겠다는 생각을 해본다. 그러나 그렇게 세상에서 살아가는 그분들이 대단하다는 생각을 하게 된다. 나 하나 살아가기도 힘든 세상에 가족을 데리고 여행을 가는 가장을 보면서 '참 주지 노릇 잘 하네' 하는 맘이 들었다. 다 자기에게 주어진 배역을 잘 소화해내는 사람들이로구나 하는 마음이 들면서, 언제 어디서 무엇을 하고 살지라도 자기 직분에 충실하면, 사람 사는 세상이 아름다울 것이라는 생각을 하게 된다.

그 동안 해가 거듭 될수록 내 토굴 마당아래 나무들이 자라서, 집을 에워싸 이제 이맘때면 나는 한 마리 새가 되어 새의 둥지 속에 있는 것처럼 산다. 이따금 멀리 날아 먹이를 물어 오기도 하고, 어떤 때는 친구의 둥지를 찾아가면 저장해둔 모이를 조금 나누어 주기도 한다. 어려울 때 양식하라고 늘 유념해 주는 단월도 있다. 새는 내일의 양식을 준비하지 않아도 주님이 마련해 주신다는 말씀도 있고, 도 잘 닦고 있으면 하늘 사람이 챙겨 준다는 말도 있다. "숨어 살면서 무엇을 걱정하느냐 말없이 지나는 가운데 도심이 자라느니"라는 위로의 말씀도 있다.

이제 정년도 지나고 만년 백수다. 내게 더 할 일이 무엇이 있을까?.... 이따금 찾아오는 나그네들에게 차나 다려드리며, 이 자연 속에서 잠시 즐기다 가시게 시중이나 들며 살지.... 일 없이 들숨 날숨을 챙기면서 평형수를 더하고 복원력을 키우면서....

무더위 장마 중에 단월 가족 여러분들이 건강 하시고, 소망하시는 일들이 잘 되기를 바라면서 다시 만날 가을을 점쳐본다.

오늘도 참 좋은 날이다.

2014년 7월 1일
연암난야에서 도현 합장

파초 나무와 법정 스님

도현 스님은 법정 스님과도 인연이 깊다.

1980년대 초반 송광사 불일암에서 모시고 수행한 것을 시작으로 열반 (涅槃) 사흘 전 마지막 병문안에 이르기까지 속세에 다 드러나지 않은 깊은 인연을 이어오셨다.

사진 속 연못 옆의 파초 나무는 30여년전 법정 스님께서 도현 스님이 기거하던 의신 마을을 찾아주셨을 때, 불일암에서 키우던 파초의 묘목 (苗木)을 손수 가져와 전해주고 가셨던, 뜻 깊은 나무이기도 하다.

소꿉장난

추석을 지난 지도 열흘이 지났다.

신심 있는 단월들 덕분에 잘생긴 과일과 귀한 송이를 먹다가 이솝우화에 '신상을 지고 다니는 당나귀'란 이야기가 연상되었다. 등에 신상을 지고 다니는 당나귀가 어느 마을에 도착하자 지나가는 사람들이 공물을 바치고 절을 하였다. 당나귀는 우쭐해져서 그곳에서 움직이려 하지 않자 주인이 채찍질을 하면서, "이 어리석은 녀석아 사람들이 너를 경배하는 것이 아니라 네 등에 있는 신께 경배하는 것 이니라"고 하면서, 공물의 일부를 당나귀에게 먹여서 길을 떠났다. 그 생각을 하면서 "아! 나는 불상을 지고 다니는 당나귀로구나!" 하는 생각을 해본다.

어제는 산모롱이를 돌아 마을을 내다보는 소나무 아래까지 보행로를 닦았다. 풋풋한 흙 냄새가 좋아서 쓸데없이 왔다 갔다 하기를 수십 번을 했었다. 산중에 살다 보면 별것도 아닌 이런 일에서 가슴이 벅찰 정도의 행복감을 느낀다. 참으로 묘한 일이다. 어릴 때 흙장난을 하면서 즐겁게 놀던 그날이 이날이다. 마침 미국에서 도반이 왔기에, 길 자랑하며 소나무 아래 의자에 앉혀놓고 옛이야기를 나누었다.

귀한 손님이라 밤에는 계곡의 물소리 벌레소리를 배경으로 둘이 방에 누워 두런거리다가, 혼자 편히 자라고 밖에 나와서 마당 한쪽에 쳐놓은 1인용 텐트 속에서 잤다.

언젠가 승가대학교 학인 스님들이 와서 2박3일 토굴체험을 하겠다기에, 본체에 3명 양쪽 텐트에 3명씩 모두 9명을 재우고, 나는 1인용 텐트에 자려고 예행 연습 차 쳐놓은 것이다. 공간이 앉아 좌선하다 누우면 꼭 맞는 다다미 한 장 크기라, 새벽에 추워 온풍기를 틀면 공기가 탁해져서 불편했었는데, 드디어 노하우를 터득하여 편하게 잤다. 요점은 코 부위만 바깥공기를 호흡할 수 있도록 텐트의 부분을 조금 열기만 하면 되었다. 3만 5천 원짜리 집이 너무나 편안해서 두고두고 쓸 요량이다.

이렇듯 나의 주변에는 재미있는 소품과 연출할 만한 것들이 넉넉하다. 계곡의 맑은 물과 넓은 반석들, 산소가 풍부한 산책로, 숲 속의 적당한 곳에 공간을 만들면 어디라도 아늑한 보금자리가 될 수 있는 무한한 자원이 있는 천혜의 보고다. 특히 요즈음은 꽃무릇(상사초)이 지천으로 피어 장관이다. 올해 특별이 크게 자란 파초는 키가 집의 지붕보다 높아 바나나 나무를 위해서 집이 있는 것 같다.

글을 쓰다가 잠깐 또 리틀 하우스(1인용 텐트)에 가서 조금 앉았다 왔다. 주변의 풍광이 온통 나를 위해서 있는 것처럼 기뻐서 마음이 들뜬다. 수행자가 이런 경계를 누릴 때를 환희용약(歡喜勇躍)이라 하는데, 이러한 지경을 스스로 가누지 못하면 환희마(幻戲魔)에 빠졌다고도 한다.

아무튼 소꿉장난에 빠져서 사는 일이 즐겁다면 그나마 다행스럽지 아니한가?

미국의 도반도 하루를 쉬어 떠나고, 또 밤이 고개를 넘어 이른 새벽이 되었다. 창가에 누워서 눈을 떠보니 달은 중천에 떠있다. 주변엔 별들이 띄엄띄엄 흩어져있고, 깃털 같은 구름이 엷게 반고호의 그림처럼 깔려있다. 마치 정물화 같은 고요가 신비함을 더한다. 도저히 더는 누운 채로 있을 수 없어 일어나 마당을 서성이다 주위를 둘러보며 하늘을 바라보다가, 싸늘한 기운에 얼른 웅덩이 물로 세수를 하고 들어와 차 물을 끓여서 보이차를 우려 불전에 올린다.

나도 한 잔 마시고, 향초를 사루고 조용히 앉아 부처님과 가르침과 상가를 생각하면서 붓다께서 우리에게 들려주신 교훈을 상념 해본다.

우리는 자연스레 늙고 있으며 이를 벗어날 수 없고
우리는 자연스레 병들 수 있으며 이를 벗어날 수 없다.

우리는 자연스레 죽게 되어있어 이를 벗어날 수 없으며
우리는 소유하던 것들과 사랑하는 사람들로부터 벗어나
언젠가는 이별해야만 한다.

이것은 우리가 저마다의 업을 지어 과보를 받는 것이며
또한 새로운 업을 발생시켜 업이 자신을 따르게 하고
업에 얹혀살게 된다.

우리는 우리가 짓는 착한 업이거나 악한 업의 과보를
받아야 할 상황에 처해 있는 것이다.

우리 모두는 이와 같은 인과의 법칙을 매일 살피며
정업(正業)을 닦읍시다.

무한한 우주의 영역에서 우리가 사는 지구를 바라보면 지극히
작은 국토지만, 붓다의 가르침을 상념 해보면 미미한 인간의
생각이 참으로 대단하다. 자신이 처한 현실의 상황을 돌아보며 잘
살아야 한다는 생각이 참으로 커서 우주를 감쌀만하다. 작지만 큰
생각은, 어리석은 우리가 진리에 대해서 생각하고 지혜롭게
살면서 조그만 것에서 기쁨을 발견하고 누릴 줄 알며 모든

존재에 대한 외경을 지닐 때에 현존하는 것 아닐까?

이런 생각을 해보면서 예경을 마치고 앉아서 좌선삼매에 침잠해 본다. 그냥 들숨 날숨을 챙기면서 고요히 앉아있는 나를 볼뿐이다. 차차로 앎과 지혜가 생기고, 통찰력이 생기고, 여명이 밝아오듯 모든 것이 분명해질 것이다. 산중의 오두막에서 소꿉장난하는 나의 삶이 티끌 같은 것이지만, 우주와 하나라는 사실을 관통하면서……

지난 여름은, 예년에 비해서 덜 더웠고 흐린 날이 많아서 곡식이 여물자면 볕을 많이 봐야 하는데 하고 은근한 걱정을 했는데, 요즈음 한낮이 뜨거워서 곡과가 익고 알차기에는 안성맞춤이다. 사촌이 잘되는 것보다 시절이 좋아야 된다는 말이 실현되어 우리 주변의 삶들이 좀 더 넉넉해 졌으면 좋겠다. 정치 경제 사회 문화도 시절이 받쳐 주어야 되니까 나라살림 사는 분들과 경제하는 분들 종교에 종사하는 이들이, 사회에 어려움이 덜하도록 안 밖으로 노력해주시리라 기대해 본다.

세상의 허접한 일들과 심각한 소식들이야 늘 있는 일이고, 다들 얽기도 하고 풀기도하면서 사니까 그러려니 하며 통과시키고, 저마다 자기일 열심히 하는 데서 실타래를 풀어가는 것이 순서가 아닌가 생각해본다.

끝으로 년 년이 명절에 과일 보내 주시는 '명'자 들어간 보살님 고맙고, 일용에 수용할 양식을 항상 챙겨주시는 모모 거사님 신도님, 그리고 다달이 성금을 보내주시는 단월님들께 감사한다. 이따금 보시를 챙겨주는 나의 도반들, 더러 거쳐 가는 나그네들이 불전의 발우 속에 넣어주는 복전들... 진명,진락 스님과 권속들에게도 두 손 모아 축원 하면서, 세상 사람들 노력하며 사는 모습에 감사하고 고마워 할 따름이다.

보다 나은 세상을 기도하면서....

아유 : 오래살고
완노 : 건강하고
수캉 : 행복하고
발랑 : 여의하시라고....

2014년 10월 1일
연암난야에서
도현 합장

일락서산 (日落西山)

스산하게 다가오는 겨울 산을 바라본다.

차가운 바람결에 눈비를 맞으며 앙상한 모습으로 서있는 나무들은 모든 건 변해 가느니 라고 말해주고, 늘 푸른 소나무는 봄 여름 가을 겨울 한결같은 것도 있네, 라고 일러주는 것 같다. 동안거가 시작 된지도 보름이나 지나서 이맘때면 찾아오는 사람도 뜸하고 안거 중이라 어디 나가는 일도 적어서, 하루 한 차례 혹은 이틀에 한번 마을을 오르내리는 일 외에 내 거처에서 홀로 지낸다. 생각 있는 곳에 내가 있어 마음속 여기저기를 돌아다니느라 심심하지는 않다.

어쩌다 외롭고 쓸쓸할 때면, 누구나 이 세상에 올 때 혼자서 왔고 갈 때도 혼자서 가는데, 나는 미리 호젓이 살아 나중에 갈 일이 외롭지 않아 다행스럽게 생각되고, 불확실한 미래에 대해서 더러는 아득할 때도 있지만 나는 믿는 대로 간다는 평범한 진리를 의심 하지 않아 든든하다.

"한평생 중노릇 하다가 늙어 자기 몸 하나를 감당하지 못해서 죽는다 하더라도, 인생이 무엇인지 자기가 무엇인지 끝없는 탐구정신 하나를 가지고 알 수 없는 이놈을 붙들고 들숨 날숨을 챙기다가 마지막 숨을 거둔다면, 누가 뭐라고 해도 나는 그 사람 중노릇 잘했다고 할 것이다."라고 했던 전강 큰스님의 말씀을 늘 염두에 두고 있어 마음이 실하다. 나란 무엇인가? 과거의 누구도 알지 못했고, 현재의 누구도 알지 못하며, 미래의 누구도 알 수 없는 이 허무맹랑한 의심을 붙들고 생애를 다 바친다는, 이 실없는 일에서 내 할 일을 찾았고 안식을 얻을 수 있었으니 이 얼마나 의미 있는 일인가?... 금생에 고오타마 붓다의 가르침을 만난 것은 나에겐 대박이다.

그렇다 하더라도 인생에는 많은 변수가 생기기 마련이고, 그것은 과거 현재 미래에 내가 지어서 내가 받는 과보이다. 과보가 올 때 그 충격을 완화하기 위해서 붓다께서는 평소에 지혜와 복덕을 쌓으라고 하셨다. 그래서 분수 따라 물심으로 베풀면서 훌륭한 가르침을 부지런히 배우고 닦는 것이 불제자의 할 일이라 생각하면 일단은 내 인생이 마무리된다.

수많은 경전의 가르침이 있지만 내가 경험한 바로는, 온전한 정신을 지니고 있는 동안만이라도 내속에 자리 잡고 있는 가르침이 한평생 나를 이끌어 주었듯이, 정돈된 내 정신을 내 속에서 한결같이 가꾸어나가는 일 뿐이다. 고요한 마음으로, 단정한 자세로, 주변을 소박하게 가꾸면서 부처님의 존안을 우러러 조용히 살아가는 그림을 그린다면 가장 보람 있는 일이 될 것이다. 나이 들어 운신을 위해서 도반들과 약간의 여행과 섭생을 함께 할 수 있다면 그것은 덤 이리라... 그러나 어느 날 갑자기 정신 줄을 놓는다면 후려치거나 메어치거나 주변의 인연에 수동적일 수밖에 도리가 없다.

이제 이순의 나이를 훨씬 지나니 남은 일은, 다른 사람이 살아온 이야기를 경청하면서 차나 우려내어 놓고 그분들의 삶을 그들 스스로가 긍정적으로 평가하고 마무리 짓는데 거드는 것으로 내 할 일을 해야겠다. 그리고 또 할 일은 있지만 말을 앞세울 일이 아니라서 접어둔다. 이것이 한 해를 마무리 하는 나의 변이다. 여러분은 어떻게 세모를 맞고 계신지...

한세월을 돌이켜 보니 나의 주변에도 많은 분들이 앞서 가셨고, 현존하시는 분들도 자기 자신을 자기 의지대로 할 수 없는 지점에 와 있어서 서로 먼 곳을 바라보듯 마음으로만 생각하는 경우가 허다해졌다. 원컨대 한평생 저마다 간직해온 지조를 굳건히 지켜서 흔들림이 없기를... 어떤 경우라도 마음의 평정에 머무시기를... 이것은 인연 있는 분들께 내가 드릴 수 있는 최상의 기도다.

또 한 해를 보내면서 두 손 모아 합장한다. 고마웠다고, 내년에도 모두 다 잘 지내시기를, 건강 하시기를, 그리고 새해 복 많이 받으시고 여의하시라고....

이제 며칠 지나면 나는 우리 나이로 67살이 된다. 기대가 된다. 68 69 70은 어떨는지... 빨리 나이를 먹고 싶다.

지금 밖에는 눈이 온다. 군불을 알맞게 지핀 내 토굴이 오리털 침낭처럼 포근하다.

해는 서산에 지고...

2015년 1월 1일

연암난야에서   도현 합장

먼 기억, 그리고 근황

아련하게 멀리 멀리에서 다가오는 기억의 실루엣...

어느 봄날 이었던가?

나는 걸망을 메고 땅바닥에 엎드리어 스님께 절을 올렸다.

"조실 스님 늘 건강 하십시오"

"그래 잘 가거라 공부하다가 생각나거든 다시 오너라"

  그렇게 1년간 시봉하던 큰 스님을 뒤로하고 그 절을 떠났다. 지금 생각해 보니 그때가 전강 큰스님을 뵈온 금생의 마지막 인연이었다.

  나는 은사스님이 주지를 맡아 계시던 경남의 모 사찰로 와서, 스님께 나의 진로를 말씀드리고 스님 동의를 얻어 은사 추천서를 받아서, 당시 유명한 강사로 학인을 교수하던 우룡 스님을 찾아

뵙고 법주사 강원에 방부를 드렸다. 그때가 1972년도였던가? 그간에 선원에서 조실 스님 시봉을 하며 20여명의 수좌 스님들 주변에서 살던 분위기와는 달리, 당시 법주사는 강원이 요즈음 말로 잘 나가던 시절 이었다.

사원의 평탄한 넓은 도량, 키 큰 미륵불 입상, 이층으로 웅장하게 지어진 고색이 찬연하던 대웅전, 삼존불상도 크거니와 아직도 기억에 남는 것은, 법당 청소 당번이 되어 긴 자루걸레로 마루 바닥을 닦다가 장난기가 발동해서, 도반들과 함께 굵게 이층으로 뻗은 기둥을 걸레 자루로 등짝으로 발로 때리고 울리고 차다 보면 천정에서 나선형을 그리며 내려오던 날 다람쥐들, 어린 새끼들을 잡아서 눈을 들여다보면 아직 두려움조차 모르던 귀여운 모습이 너무 예뻐서 한 참씩 데리고 놀다가 놔주던 일이 생각난다.
엄격한 대중 생활의 질서와 가지런한 발우공양, 문제가 생기면 민주적인 대중공사로 중지를 모아서 해결해 나가던 스님들의 모습은 모범적이었고 아름답게까지 느껴졌었다.

2년 후 해인사 강원으로 옮겨 지낸 2년은 더 큰 경험을 나에게 주었었다. 법주사가 차분한 여성적인 분위기라면 해인사는 남성적인 활달한 도량이었다. 주변에 암자도 많고 선방, 강원, 율원이 갖추어져 있고, 당대 호랑이 같은 선승 성철 큰 스님께서 생애 최고의 전성기를 누리던 시절이라, 비구 비구니 대중이

운집을 하면 볼만 했고 절 살림도 활활 발발 했다. 한국 최고의 원륭한 승가였다.

76년 해인사 승가 대학을 졸업하고, 통도사 극락암 경봉 큰스님 문하에서 한철 참선을 하면서 큰스님의 덕화를 입고, 송광사로 옮겨서 전후 7년 여를 살았다. 그간에 법정 스님과의 의미 있는 만남도 이루어졌고, 의식 있는 정법불교를 훈습하면서 수행승으로서의 긍지와 재미를 느끼며, 선원의 입승 소임을 맡아 조그만 리더십을 경험하기도 했었다.

돌이켜보면, 나의 중노릇 초 중반기 시절에는, 절 살림은 가난했고 스님들의 생활 역시 열악했지만 전반적인 분위기가 순수 했었다. 오늘날 돈으로 절을 운영하는 것과는 완연히 달랐었다. 이따금 찾아오는 후배들에게 요즈음 절 사정을 들어보면 세속화 되어진 절집, 사무적인 인간관계, 컴퓨터에 의존하는 승려관리 모든 것이 너무 변했다는 생각이 들곤 한다.

유명세를 타는 절은 부유하지만, 그렇지 못한 많은 절들은 영세함을 면치 못하고 있는 부익부 빈익빈의 현상이 절집에도 그대로 나타나고 있다. 그나마 다행한 것은, 젊은 스님들이 고생을 덜하고 커서 불편하고 힘든 것은 잘 수용하지 못하지만 교육수준이 높고 명민해서, 똑똑한 후배들은 종단의 문제의식을 깨닫고 미래 불교를 걱정할 줄 아니 한국불교가 희망이 있다는 생각을 하게 된다. 그런 후배 들이 잊지 않고 나를 찾아주니 인복이라 고맙게 여겨진다.

30년 전 태국에 처음 가서, 한국에서 한 20년 중노릇을 인정해 주지 않아 새롭게 태국 계를 받고 태국 중노릇을 하던 시절은 얼마나 설레었던가? 새벽이면 황 가사를 차려 입고, 맨발에 발우를 들고 집집의 문전마다 탁발로 걸식을 하던 수년의 세월도 주마등처럼 지나간다. 한국에 가서는 부처님을 팔아서 살지 말고, 그냥 수행하고 수행을 함께하는 재가자들의 도움을 탁발이라 생각하며, 조직 속에서 의존해 살지 말고 스스로 홀으로 사는 초기불교 시절의 스님들처럼 지내야겠다 한 것이 오늘날 내 토굴살이의 시작이었다.

오늘 따라 옛 생각이 나는 것은, 아주 오래 묵은 옛 친구가 어제 찾아와서 담소하고 놀다 갔는데, 전송하며 바라본 그의 뒷모습이 노인스러워, 나나 그나 세월을 이길 수는 없구나 하는 감회가 우리 젊은 한때를 그려보게 된 것 같다.

그때 나는 조실 스님 시봉을 하느라 부엌 행자 노릇을 했었는데 이 친구는 애인을 대리고 와서 어떠냐고 물었다. "예쁘고 착해 보이네," 했더니, 그 후 결혼해서 산전수전을 겪으면서도 변함없이 오늘날까지 나의 단월이 되어주고 있다. 지금은 불심도 깊어져서 부처님 만난 인연을 은혜롭게 생각하고, 딸 하나에 아내와 더불어 소박한 행복을 누리고 있다.

산다는 것이 무엇인지, 성실히 열심히 살며 노년에 이르러 수월하게 지내신다 싶던 친숙한 내 착한 신도 부부는, 요즈음 손자 녀석 돌보느라 겨를이 없다가 틈을 내서 다녀갔는데, 손자 키우는 재미 반, 힘이 들기도 하지만 바깥 약속 못하는 불편 반, 이럴 수도 저럴 수도 없는 즐거운 업을 노래하며 오늘 꽃구경을 했다. 섬진강변을 따라 구름같이 피어있는 매화 촌에서 잠간 신선이 되었다가, 예의 강변 카페에서 국수를 먹고 헤어지고, 선약이 있어 토굴에 올라왔었다.

보리행 보살님의 인도로 환경 운동을 하는 신심 있는 불자를 만났다. 환경에 대한 그의 정연한 논리와 원력이 남달라 연령을 떠나서 좋은 도반이 생겼다는 생각을 해보았다. 사람을 가려서 만나도록 해주는 보리행 보살의 예지력이 새삼스럽게 느껴졌고...

긴긴 세월 그 어느 날 저녁 무렵 명심 거사님 집에서 만나 선재회 명단을 인계받아, 20명 이던 회원을 2년 만에 200명으로 늘려서 법회와 봉사로 살림을 살면서, 어려운 시련도 다 견디고 꿋꿋이 지나온 30년 가까운 세월, 오늘의 도현 스님이 있도록 조력한 일등공신이 보배롭다. 누가 한 스님의 이념을 믿고 자신의 반생을 할애해 주겠는가?

화재 이후 다시 연암난야를 짓고, 단월을 챙기고, 객실 진락당을 지으면서 기력을 소진해서 그런지, 이삼 년 사이에 늘 그러리라고 생각했던 젊던 모습이 이제 노년으로 변해서 주름이 솔솔 하다. 고맙다는 말 보다는 매사를 수월하고 즐겁게 해드려야 되는데 내 역량이 부족해서 미안할 뿐이다.

나의 오늘은 미흡하지만 부처님의 한 진실이 분명하니, 날로 착한 스님이 되려고 노력한다면 재천이 나의 수행을 도와주리라 생각하며, 하루하루 열심히 즐겁게 탈속 하려고 한다.

여러분들은 바쁘고 복잡한 세간 살이 속에서 열심히 살면서, 이 산중을 마음의 고향에 두고 이따금 찾아와 맑은 에너지를 충전해 가고, 나는 그런 분들과 올곧은 스님들의 방문에 교감하면서 살고 있으니 이 얼마나 아름다운 인연인가? 이제 이 시점에서 바람이 있다면, 내가 아는 단월을 비롯한 인연 있는 분들이 건강하고 흐뭇한 일상을 살았으면 좋겠다.

어찌 먼 기억을 다 적을 수 있겠는가…… 근황을 곁들여 한철 적조했던 안부를 전하며 맺는다.

서산마루에 이월 초나흘 상현달이 샛별을 데리고 서서히 사라지고 있다. 봄밤은 어두워져 가고 간간이 꽃샘바람이 세차게 분다.

2015년 4월 1일
연암난야에서
도 현 합장

한 적 (閑寂)

아득히 저 멀리서 들려오는 한 밤중의 소쩍새 울음소리, 새벽이면 새들의 지저귐, 건너 산에서 곰들이 다투는 소리, 계곡물 흘러가는 소리가 그윽한 산중.... 초록 산색에 밤나무 꽃 꿀 향기 달콤하다. 대나무 죽순은 쑥쑥 자라 낚싯대 보다 긴 장대가 되었다. 마당에 비질을 하면서 들여 쉬는 산소와 피부에 스치는 산뜻한 감촉, 누구와 나눌까 돌아보아도 더불어 나눌 이 없어 아쉬운 날들이다.

이 쪽 마당 끝과 저쪽 마당 끝에 반환점을 두고 뒷짐을 지고 왔다 갔다 일 없이 소요하니, 사노라 분주한 이들에겐 미안하기도 하지마는, 누가 한가하게 못살도록 훼방하는 이도 없건마는 세상사 번다 하다 못해 눈 코 뜰 사이 없이 바쁜 이는, 언제 해가 뜨고 달이 지는지 생각할 겨를도 없을 것이다.

　사람마다 나름대로 다 자기의 세계가 있고 인생이 있어서 꼭 이렇게만 살아야 한다고 고집할 수는 없지만, 그래도 어떠한 믿음 속에 적을 두고 사는 사이라면 서로가 멋있게 잘 사는 일들을 공유하고, 이러 이러하는 것이 어떻겠는가? 의논해 볼 수는 있을 것이다. 믿음의 영역 안에서 믿음과 전혀 상관없이 자기 마음대로 산다면 무슨 이익이 있겠는가....
　우리가 최소한 불자라면 불교도라는 태두리 안에서 성직자와 평신도라는 서로의 역할을 확실히 해야 하는 것이 첫째다. 그 다음에 수행해야 하고 그 다음엔 행복해야 한다. 오늘은 역할 수행 행복에 관해서 이야기를 좀하고 한적(閑寂)을 말 해야겠다.

　평신도들의 역할은 첫째가 보시다. 수행자들과 물질적으로 나누는 것이 몸에 베어 있어야 한다. 재가신도가 출가승을 가장 감동 시킬 수 있는 것은 보시다. 어려울 때 보시한 신도들은 평생 은혜롭게 생각하며 사는 것이 스님들이다. 때론 잊어버리고 사는 것 같으나 늘 마음에 고마움을 지니고 있다.

　그 다음은 수행이다. 나중에 가서는 수행이란 하루하루 잘 사는 것이 수행이다 라는 곳까지 가지만, 그럴수록 처음 초심자처럼 저마다 하고 있는 염불, 간경, 참선, 다라니 중에 선택한 자기방법을 곧이곧대로 잘 챙겨야 한다. 살, 도, 음, 망, 주, 라는 오계를 잘 지켜야 하는 것은 재론할 여지가 없다.

행복이란 보시 잘하고, 계 잘 지키고, 수행 잘하는 그 자체를 즐기는 삶이다. 나중에 행복해지기 위해서 보시하고 계 잘 지키고 수행 한다면 그 일은 한 템포 늦은 행복 찾기이다. 붓다의 마지막 유훈이 "수행 잘해라 게으르지 말고"아니었던가? 바로 이 시간과 공간에서 행복 하는 일이 불교의 핵심인 현법낙주(現法樂住)다. 최소한 내가 아는 불자들은 이점을 명심해주기를 간절히 바란다.

그럼에도 불구하고 그렇게 못하는 것은, 한평생 익힌 나름대로 즐기는 방법에 중독이 되어서 그 습관을 버리지 못하기 때문이다. 이리저리로 재미있는 일을 찾아 동분서주하기 때문에 참 즐거움은 늘 뒤로 쳐진다. 참 즐거움이란 수행을 통한 선열, 진리를 이해하는 법열의 즐거움이지만 중생의 업은 참으로 무섭다. 좋은 길로 가지 않고 마음을 유혹하는 쪽으로 시종일관 하려고 하니 문제인 것이다.

세상을 가만히 들여다보면, 중년 이후 장년이 되면 공부할 시간이 없는 것이 아니라 그 동안 스스로 닦아온 도업이 견고하지 못해서 우왕좌왕 엉뚱한 일에 시간을 다 소비해 버린다. 수행의 참 재미를 그 나이 되도록 모르고 살아온 것이다. 한 믿음 안에서 함께하는 입장에서 볼 때 너무 안타까운 일이다. 처연하게 자기인생을 관조하면서, 일상의 삶 속에서 사소한 즐거움을 놓치지 않는 것은 그 동안 수행하면서 살아 온 내공인 것이다. 재가불자라도 그런 분들을 보면 존경심이 생기는 것은 나만의 생각일까?

그렇다 해도 잘 사는 사람 잘 살고 못사는 사람은 못산다. 건강하던 사람이 아프기도 하고 아프던 사람이 건강하기도 하다 종장에는 모두 몰락하여 죽음에 이른다. 물론 급살 타살 망신살 사고사 등도 있다. 망신살은 살아있어도 죽은 것 보다 더 곤혹스러운 삶을 말한다.

인생이란 이렇듯 잠깐 사이에 수없이 변하는 무상한 존재다. 잘 나갈 때 선행을 쌓아놓지 않으면 어렵고 힘들 때 마음이 붙들고 쉴 흔적이 없어지기 때문에, 앞에서도 불자는 보시해야 한다고 첫째로 말한 것이다. 그리고 계율은, 못살아도 자부심을 갖게 해주고 스스로 부끄럽지 않은 만족감을 주기 때문이다.

사람이 산다고 해야 100년 이쪽저쪽이다. 잘 사네 못 사네 해봐야 100년 안 밖이다. 조금 산다고 으스대는 것은 부끄러운 일이다. 그보다는 좀 살거든 아름다움을 추구하고 심미적(審美的)인 쪽으로 관심사를 이끌어 감이 좋을 것이다. 그래야 나중에 한적(閑寂)에 이를 수가 있다.

아름다움이란 두 가지 유형이 있다. 하나는 밖으로 꾸미는 것이다. 좋은 화장품을 사용하여 피부를 보호하고, 적당한 성형을 하여 모양을 좋게 하고, 패션을 살려서 맵시를 가꾸고, 명품을 들고 폼을 내면 얼마나 좋겠는가? 재력을 투자해서 집을 잘 지어 사는 거처를 미학적으로 합리적으로 수용하고, 집안의 집기도 고상한 것들로 갖추어 놓으면 누가 보아도 부러우리라.... 이것은 외향적이다.

다른 하나는 안으로 꾸미는 것이다. 물질적인 부를 정신적인 재산으로 환전하는 것이다. 위로는 공경 복전으로 부모와 스승을 공경하는데 재화를 쓰고, 아래로는 연민 복전으로 어려운 이웃을 위하여 재원을 희사하는 것이다. 이것은 마음의 얼굴을 예쁘게 해주고 현세에서나 내세에 남들이 좋아하는 인성을 기르게 해주며, 사람 일이 잘 풀리게 해주는 복.... 이것은 내향적이다.

현세에 우리가 불만족스럽다면 그것은, 전생에 그런 업을 짓지 않았거나 적게 지은 때문이다. 누구를 탓할 것인가, 늦을 때가 빠른 때라고 힘을 따라 분수를 따라 선행을 쌓을 일 뿐이다. 스님들이 탁발하는 것은 권선징악이라 선을 권장하고 악을 징계하기 위함이다. 어디서라도 참신하고 착한 스님을 만나거들랑 적은 정성이라도 봉투에 넣어서 공양하는 일을 우리 불자는 부지런히 하시기 바란다.
　　적선지가(積善之家)에 필유여경(必有餘慶)이라 하지 않았는가? 지금 시대는 기복적이고 통속적인 신도가 보다 지적이고 의식 있는 덕스러운 불자로 거듭나야 할 때다.
　　여기서 한적(閑寂) 이란 한 차원 높은 삶이다. 인간적이기도 하고 우주적인 차원의 아름다움이다. 심미적인 추구를 하는 사람만이 누릴 수 있는 프리미엄이다. 수행하는 사람만이 누릴 수 있는 특권이다. 말세에는 세속에 참다운 사람이 많다 하니 여러분도 한적한 사람이 되시기를······

　오랜 가뭄 끝에 단비가 온다. 강원도 강화도에는 물 부족으로 논밭 작물을 파종하지 못할 뿐만 아니라 식수 까지도 고갈될 지경이라 하니, 그쪽으로 비가 많이 왔으면 좋겠다. 여러 가지 나라에 우환이 많지만, 서로서로 도와서 난국을 넘어서며 진인사대천명 (盡人事待天命)의 도리를 다해야 할 것 같다.

　파초 잎에 내리는 저녁 어스름, 산중은 한적할 뿐 더도 덜도 말이 없네······

2015년 7월 1일

연암난야에서　도현 합장

단월 제14신 (가을)

놓아 버림

　쓸쓸한 바람결에 툭 툭 투두둑…. 알밤이 떨어지기 시작한다. 밤이면 멧돼지들이 내려와서 마을로 오르내리는 길을 헤집어 돌을 굴리고 엉망으로 만들어 놓는다. 얼마 전에 마을 사람 서넛이 여러 날 일을 해서 계단을 가지런히 해 놓았는데 성가시게 일거리를 만들곤 한다. 그나마 다행인 것은 내가 딛고 사는 마당은 해코지 않으니 미운 중에 곱다.

　이제 얼굴빛을 달리하는 산, 머잖아 낙엽의 사태가 지나가면 나무들은 모든 것을 놓아버린 빈손으로 서서 내년 봄을 준비할 것이다. 짹, 짹, 짹, 짹, 분주하게 쏘다니는 다람쥐도 가을걷이에 여념이 없고, 날마다 어질러지는 도량을 쓰느라 나도 바쁘지만, 병 없이 지나는 날들을 감사하면서 나에게 주어진 삶을 겸허하게 받아들인다.

한동안 길섶에 아름답게 피었던 꽃 무릇(상사초)은 꽃이 시들고, 겨울을 지낼 잎은 봄보다 더 생명력을 가지고 무성히 솟아난다. 드넓은 잎으로 나의 도량을 장엄해 주던 파초는 이제 초라해져서, 이즈음에 보는 내 토굴 주변은 쓸쓸하고, 황량하고, 어지럽고, 스산하다. 그럴수록 마당을 비질하며 부지런히 지나다 보면 심신이 단풍처럼 붉어진다.

얼마 전 오랜만에 도반 스님들 모임에서 중국의 장가계를 4박5일간 다녀왔다. 중국의 동정호 남쪽 호남성이라 불리는 곳에 성도인 장사가 있고 장사에서 버스로 4시간 가면 장가계가 나온다. 태국의 북쪽에 중국의 운남성이 있어 아열대 기후인데 그보다 위에 장가계가 있다. 준 아열대이고 일 년 중 3분의 2는 비가 오는 곳이라고 했다.

동양화 그림의 깎아지른 절벽이 늘 상상화라고 생각 했던 것과는 달리, 장가계, 십리화랑, 원가계, 양가계, 천문산, 보봉호, 황룡동굴을 돌아보면서 실재하는 실경산수임을 비로소 알게 되었다. 참으로 신비한 경치를 감상하면서 중국엔 이런 곳도 있구나했다. 특히 천문산에서 세계에서 제일 긴 케이블카를 타고 올라가 절벽에 매달린 귀곡잔도를 걸어 본 것은 일생에 처음 한 경험이었다. 잔도는 좁은 길을 뜻한다고 한다. 천 만길 높은 벼랑에 어떻게 선반 같은 길을 만들었는지, 오금이 절어 아찔한 길을 귀신이 만들었다고 귀곡잔도라고 한다는데, 진짜 사람이 귀신같이 시설 했다.

또 암벽 면에 설치된 세계에서 제일 높은 엘리베이터를 타고 올라가서 내려다본 원가계는, 수없이 많은 돌기둥을 세워 놓은 자연의 마천루였다. 이 경치들이 아주 옛적에는 바다 속 이었다고 하니 지구의 공간과 시간선상에서 인간의 몸은 개미 같고 일생은 하루살이 같음을 자인하지 않을 수 없었다. 그 속에서 잘 났네 못 났네 시비하다가 가는 인간의 생애를 생각하니, 나라고 고집하는 마음이 부질없었다.

이번 여행에서 얻은 것이라면, 자연의 신비와 그 자연을 공유하기 위해서 인간의 지혜와 기술로 편리한 시설을 갖추어 놓은 노력 이었다. 과학 기술과 인간의 지혜는 참으로 대단하다는 이해를 하면서, 인류의 역사 위에 훌륭한 업적을 남긴 여러 분야의 전문가들에게 경외심을 갖게 되었다. 참으로 고마운 일이다. 나는 무엇으로 이 세상에 조그만 기여를 할 수 있을까?.... 인류가 축적해 놓은 수많은 업적을 수용하면서 감사하고 함께 누리는 것으로 보은하는 것이 기여라 생각해 본다.

돌아오니 한 일주일 비워 논 토굴은 사람 나간 집이란 말 그대로라, 아궁이에 불을 집히고 생명력을 불어 넣었다. 내 육신의 집인 토굴이 따뜻하니 내 영혼의 집인 몸뚱이가 안온하다.

근래에는 '번뇌 없음' 이란 말이 좋아서 '아라항 삼막 삼붇토 파카와 붇당 파가완땅 아비와태미'.... 모든 번뇌로부터 떠나 스스로 정각을 이룬 붇다 앞에 머리 숙여 절 하나이다.... 라는 빨리어 염불구절을 가슴에 깊이 새기고 있다. 걱정 근심 없는 날이 어쩌다 있으면 그리 편안할 수가 없기 때문이다.

어느 듯 올해도 추석, 멀리 있던 가족이 찾아오기도 하고 가기도 하면서 다사다난한 삶을 중간정리하고, 우리들의 뿌리인 조상을 돌아보고 감사하면서 명절이 즐거운 사람도 있을 것이다. 그러나 돈이 없어 오도 가도 못하고 사람 노릇 할 수 없는 사람들은, 자책감으로 술에 의지해 자신을 망각해 버리거나 온전한 정신으로 마음 아파하는 사람들이 허다하리라 생각된다. 세상이 불공평함은 모두 자기가 지은 복이니 누구를 원망하리요 마는, 정치와 경제가 잘 풀려서 고통 받는 사람들이 적어졌으면 좋겠다.

며칠 후면 한가위 보름달이 두둥실 뜰 것이다. 내가 아는 모든 이들이 걱정근심 내려두고 보름달 같이 환하고 밝은 중추가절을 즐겁게 지내시길 두 손 모아 축원해야겠다. 추석이라고 이것저것 챙겨주신 고마운 단월 분들께 진심으로 감사하면서....

봄여름에 아름다운 꽃을 놓아버리지 않았다면 어찌 마음 뿌듯한 결실의 계절이 있을 것인가.... 가을은 만남과 이별이 교차한다. 슬프기도 하고 기쁘기도 한 이 계절에, 나무들이 모든 것을 놓아 버리듯 우리도 생존의 괴로움과 마음속의 불안을 놓아버리고, 인연 따라 편안한 마음으로 살았으면 좋겠다.

아직도 남은 오후라, 알밤도 줍고 산돼지가 훼손한 길을 정리하면서 오늘 하루를 마무리 해야겠다. 허전한 기운이 가슴을 뚫고 지나간다.

환절기에 여러분들의 가정이 여의하고 건강 하시기를....

2015년 10월 1일
연암난야에서
도현 합장

은혜에 대하여

비탈에 선 나무들이 산을 지키고 있다. 가지에 걸리지 않는 바람이 지나간다. 우수수 떨어져 있던 낙엽들은 이 바람 저 바람에 저마다의 자리로 돌아가, 눈이 오면 깊은 잠으로 곰삭아 새로운 잎으로 돌아날 꿈을 꾼다. 마당에 가지런히 깔려있던 낙엽은, 장에 가서 가장 큰 마대를 사다가 다섯 자루나 채워 놓았다. 해우소에도 쓰고 불쏘시개로도 쓸 참이다. 내 토굴 마당 둘레엔 20년 전에 두 곳에 심은 오죽이 조금씩 뻗어나서 죽림을 이루고, 아래 계곡에서 올라오는 물소리를 적당히 걸러 준다. 삭막한 산중에 촉촉한 정서가 조용히 흐르고 있다.

시절은 세모… 한 보름 있으면 2016년 병신년이 된다. 지난 11월 중반에서 12월 초까지는 매주 대구 관오사에 가서 '마음

씀에 대하여' '위빠사나에 대하여' '간화선에 대하여' '나의 삶'이란 주제로 4차례 법문을 했고, 마치고 돌아와서는 우리 동네 노 보살님이 돌아가셔서 3차례 염불을 해 드렸다. 어릴 적부터 나는 일복이 많다더니 또 연말에는 동네 선학관에서 마을 사람들을 대상으로 행복을 주제로 이야기를 해야 한다. 28년을 이 마을과 인연해 살면서 한번도 법문을 한 적이 없었다. 그 동안 서너 차례 청해왔지만 늘 사양했는데, 너무 거절하는 것도 도리가 아니라서 응하기로 했다.

그럭저럭 그렇게 지나다 올해도 어느덧 나이테가 하나 더 늘게 되었다. 주변의 상황은 늘 변하고, 거기에 맞추어서 한 가지 한 가지 현전하는 화두를 풀어 가다 보니 여기까지 온 것이다. 한 스님이 백 살을 산 노스님에게 "스님, 백 년이 얼마나 되는 것 같습니까?" 하고 물으니, 노스님께서 "눈 한번 깜빡 한 것 보다 빠르다." 라고 하시더라는 말을 나에게 하더니 정말 실감이 난다.
누구나 다 그렇겠지만 이맘때가 되면, 지난 365일을 되돌아보고 삶의 잘 잘못을 가늠하면서 후회와 보람의 순간들을 회상해 볼 것이다. 나도 여느 사람들처럼 그런 생각을 하고 있다. 그러면서 올해는 여러 가지 은혜를 생각하면서 마무리 짓고 싶다.

우리는 태어나면서부터 국토를 의지하고 나라 살림을 사는 관료들과 대통령의 치정 하에서 살아간다. 자고 새면 욕먹는 사람들이 정치하는 분들이지만 국방하고, 정치하고, 외교하고,

경제하고, 교육하고, 감시하는 그들이 없었다면 우리의 나라가 어디 있고 민중의 삶이 있겠는가? 욕할 때 욕하더라도 칭찬할 때 칭찬하면서 고맙게 생각하는 것이 절에서 새벽에 종성 하면서 하는 염불 '각안기소 국왕지은'(各安基所 國王之恩)이다.

업에 얽혀 받은 우리 몸은 어떤 류 이던 형체를 갖게 되는데, 다행히 우리는 사람 몸을 받았다. 육신뿐만 아니라 의식주와 교육을 부모님을 의지해 챙기면서 성인이 되었다. 오직 자식이 자신의 존재 이유임을 믿고 온갖 희생을 치르면서 삶을 영위해 온 부모님의 은혜는 가히 없지만, 철 들어 알만하면 자신의 식솔을 거느리느라고 할 바를 다 못한다.

부족하고 모자라지만 부모님을 의지해 세상에 나온 인연을 감사하면서 '생양구로 부모지은'(生養救勞 父母之恩) 이라 종을 치고 나무아미타불을 염하면서 돌아가신 부모님께는 극락왕생을 빈다.

육신을 길러주고 뒷바라지 해주신 부모님처럼 우리에게 삶의 지식과 생활의 지혜를 아울러 가르쳐 주신 선생님과 정신적 스승님들, 얼마나 가르치는 일이 속이 썩는 일이기에 '훈장의 똥은 개도 안 먹는다' 는 옛말이 있겠는가? 때론 가르침으로 때론 롤 모델이 되어주면서 이 세상이 건강하고 밝게 아이들을 훈육해 주시고, 자립하는 과정에서 겪는 어려움과 난관을 헤쳐 나가도록 조언해 주시며, 어른이 되어서도 어떻게 살아야 할지를 몰라

동분서주할 때 이정표가 되어주기도 하는 선배 어른들, 그리고 잘 살 줄 아는 법을 가르쳐주는 성직자들을 사장(師長)이라고 할 때, 이분들에게 감사하면서 '유통정법 사장지은 (流通正法 師長之恩)'이라고 한다.

좋은 일이나 나쁜 일이나 함께 겪으면서, 즐겁게 놀며 의지하기도 하고 토라져 다투기도 하면서 하염없는 길을 서로 염려하며 탁마해 온 길, 서로 힘이 되어주고 위로하면서 험난한 세태를 지나온 친구, 오랜 친구는 포도주처럼 오랠수록 값이 나가고, 보이차 같이 맑고 향기로워 마시면 등줄기에 땀이 나면서 몸을 보신해 주듯이, 서로의 의지처가 되니 지척에 없어도 가까이 있고, 세월이 격해 소원했어도 어제 만난 것처럼 시간을 초월한 우정, 세상에 이보다 은근한 인간관계가 또 어디 있겠는가? 친구의 고마움을 생각하면서 종을 친다. '탁마상성 붕우지은' (琢磨相成 朋友之恩).

세상사람 누구나 남의 신세 안 지고 사는 사람은 없다. 먹는 데는 농부 식품업자, 입는 데는 방직을 하고 의복을 만드는 사람, 주거를 하는 데는 건축가와 노동자, 일상에 편리한 도구를 쓰는 데는 공산품을 만드는 사람 등등, 발가벗은 몸으로 와서 숱한 사람들의 온갖 도움을 걸치고 먹고 마시며 즐기고 산다. 특히 나와 같은 신분의 스님들은 별로 생산하는 바 없이 한 평생 시주의 은혜로 의식주를 의존해 사니 부담감에 법(붓다의 가르침)을 조금씩 나누기는 하지만, 얼마나 그 공덕을 녹일 수 있을지는 미지수다. 나는 다행히 나에게 자리를 양보하고 저만치 자취를 감추는 무주상보시를 하는 신도들을 만나서 큰 부담감 없이 한 세상을 살았다. 그래서 더욱 고맙고 잊을 수가 없어서 늘 기도로 대신한다. 그분들이 잘 되기를, 그분들의 가족들이 행복하기를... 그래서 '사사공양 단월지은'(四事供養 檀越之恩)이다.

2015년 한 해를 보내면서 내가 제일 하고 싶은 말은 이분들에게 '정말 고마웠습니다.' 라는 말을 긴 여운으로 남기고 싶었다. '오종대은 명심불망'(五種大恩 銘心不忘) 중에 나는 시주의 은혜에 제일 큰 비중을 둔다. '말 한마디에 천냥 빚을 갚는다.'는 말이 있듯이, 지금 내 곁에서 아직도 끈을 놓지 않고 나를 유념해 주시는 그 마음을 생각하면서, 나도 '단월'이라는 말을 염두에 두고 감사하고 있다.

세월은 간다. 유수와 같이 흘러 간다. 쏜살같이 간다고도 한다. 주마간산 이라는 말도 있듯이 그래서 대충대충 살아서는 인생의 참 의미를 놓치기 쉽다. 하루하루 이 기회가 한 번뿐 이라는 것을 생각하고, 순간순간 성실하게 차근차근 즐겁게 살면서 매사를 은혜롭게 생각한다면 후회를 남기지 않는 나날이 될 것 같아, 이 말을 포장해서 소중한 선물로 나에게도 보내고 여러분에게도 부친다.

병신년에는 올해보다 나은 한 해가 되기를 진심으로 바라면서

한 해의 말미를 정리정돈하고 새로운 꿈을 꾸어본다. 맑고, 밝고, 기쁜 꿈을,,,,

　미래에 다가오는 맑은 일이나 궂은 일은 인연에 맡기고 최선을 다해 정진할 것이다. 수본진심이 제일정진 (守本眞心 第一精進) 이라 했으니 늘 깨어있으면서 본래의 청정을 잘 지켜야겠다.

　점차 날씨도 추워지고 쌓아 놓은 나무를 헐어서 때다 보니, 땔감이 줄어 들어 나무를 조금씩 해서 보충을 해야겠다. 유비무환이라, 그래야 따뜻한 방에서 편안한 마음으로 바깥경치를 바라보면서 산중생활을 여유롭게 즐길 수 있을 테니까…

눈이 온다. 함박 눈이…
저물어가는 저녁 나절이 포근하고 아련하다.

2016년 1월 1일
연암난야에서　도현 합장

연두색이 좋다

탕!

출발선상에서 꽃들이 달린다.
매화 산수유 개나리 목련
그리고 이름 모를 꽃들이
흘러가는 강물처럼
릴레이로 달리는
꽃 따라 마라톤
개구리와 알들이 응원하고
새들도 노래하는
싱그러운 축제에
심장이 뛴다.

온 몸이 들뜬다.

생명의 꽃이 핀다.

연두 빛 강 버들이 춤춘다.

섬진강 강변의 테크 산책길을 걷다 보니 발아래 신경이 쓰이지 않아 좋다. 오랜만에 움츠리고 있던 어깨를 활짝 펴며 산중에서 못 느끼던 또 다른 정서를 만나본다.

며칠 후 화개동천에 벚꽃이 만발하면, 봄이 끓어 넘쳐 사람들은 얼굴에 홍조를 띄고 우왕좌왕 시끌벅적 그렇게 봄날이 가겠지....

그 동안 산중에는 진달래가 피고 지고, 태고에 그을린 반석에는 철쭉꽃이 필 것이다. 힘차게 흘러가는 계곡의 물줄기 따라 마음은 바다로 간다. 오대양 육대주에 살아가는 수많은 사람들, 큰 지구 생명 속에 나도 한 세포, 한 잔의 차를 계곡의 흐름에 고시래 하니 온 세상이 차로 변한다. 어쩌다 이렇게 반석 위에 앉아 차를 마셔보니 삶의 행불행을 따라 차 맛이 달라진다는 '차미인생'(茶味人生)이란 옛말이 생각난다.

아! 무상의 세월이 신속하여 모든 것이 부질없이 흘러가네… 그래서 무상 속에 영원을 살자고 우리가 이렇게 열심히 사는가 보다. 계절은 봄 여름 가을 겨울, 철을 바꾸어가며 우리를 일깨워주고, 일하게 하고, 준비하도록 하고, 쉬도록 해주고, 털고 일어나 희망을 꿈을 갖도록 해주나 보다.

 점차 꽃보다 아름다운 연두 빛 수채화가 운무처럼 등고선을 따라 올라가는 봄을 바라보며, 묵정 밭을 일구어 씨를 뿌리고 심전을 가꾸면서 복을 지어야겠다. '콩 심은 데 콩 나고 팥 심은 데 팥 난다.'는 법문과 새들 지저귀는 노래 들으며...

 참 좋은 계절이다.

2016년 4월 1일
연암난야에서
도현 힙장

(추신) 단월가족 여러분

　화창한 봄날 건강하시고 즐겁게 지나십니까?
유념해 주시는 덕분에 저도 겨울 잘 지내고 포근한 계절을
편하게 맞고 있습니다.

　찻잔에 차를 받아 두어 두기만 하면 소유형의 삶이요, 차를
마시며 맛과 향을 음미하고 한가한 정취를 즐기는 것은 존재형의
삶이라고 합니다.
저는 시종일관 여러분들이 소유하는 삶의 바탕 위에 존재하는 삶
누리기를 바라며 이 조그만 거처에서 노력하고 있습니다.

　어떤 부부가 열심히 노력해서 집안에 고급 가구와 편안한
소파를 구비하고 최고급 커피머신 까지 마련해서, 또 그 것을
유지관리하기 위해서 쉴 참 없이 돈을 버느라 집안 청소할
시간조차 없이 살다가, 하루는 파출부에게 집안일을 시켜놓고
일하는 도중에 집에 들릴 일이 있어 들어왔답니다.
　그곳엔 파출부 아줌마가 청소 다 해놓고 소파에 편히 앉아, TV
켜놓고 커피 마시며 버젓이 주인 노릇을 하는 것을 보고 충격을
받았다는 이야기가 있습니다. 돈은 쓰는 만큼 자기 돈이고 인생은
누리는 만큼 자기 인생이라는 교훈이 실린 콩트 입니다. 소유냐?
존재냐? 한 번 생각해볼 대목인 것 같습니다.

누구나 늘 걱정 근심하고 희비 속에 사는 것은 엇비슷하지만, 붓다의 가르침인 현법낙주를 가슴에 지니고 존재하는 삶을 사는 제자들은, 천하의 사람들과 똑 같이 살면서도 저마다의 개성을 꽃피우며 아름답게 사는 것에 긍지를 갖습니다.

현법낙주(現法樂住)란
지금 이순간의 공간과 시간 속에서 즐겁게 사는 것.

즐겁게 산다는 것은, 삶의 고통과 즐거움을 그대로 수용하면서 보다 나은 마음의 안정에서 오는 기쁨인 선열(禪悅)과 좋은 가르침을 들으면서 지혜를 깨닫는 법열(法悅)을 누리는 것을 말합니다. 생활의 기쁨 위에 선열과 법열의 기쁨이 더해지면 '현법낙주 한다' 할 수 있습니다.

불교에서 말하는 기쁨은 이런 기쁨을 말합니다.

다 함께 노력하기를 바래봅니다.

도현 합장.

부록(附錄): 방문객을 위하여

초기 연암난야 토굴에서 사띠와 함께 (2004년)

들려 주셔서 고맙습니다.

인연이 있어 나에게 찾아 왔다가 차를 마시고 충분히 대화를
나누고 가시는 분도 계시고, 또 여럿이 왔다가 다양한 화제를
이야기하느라 한마디 말도 못하고 가시는 분도 있기에,
정작 내가 이야기 하고 싶고 오신 분이 듣고 싶은 이야기를 못할

때가 있어서, 이 인쇄물을 가시는 길에 드리면 좋겠다 싶어서 마련을 했습니다.

누구나 마음이 내키시면 한 번 일별해 보심은 어떨까 합니다.

일단은 '불교'는 무엇인가?

어떻게 살 것인가?

그리고 평소에 어떤 수행을 하며 지낼 것인가?'

하는 점을 말씀 드리면,
여기 나의 「연암난야」에 방문한 의미가 있고, 나도 여기서 둥지를 틀고 사는 목적을 이루는 것이라 생각해서 말씀을 좀 드립니다.

　불교란,
먼저 인생에 있어서 문제의식을 갖고 있는가를 묻습니다. 사람이 살아가는데 실재하는 여러 문제는, 세상에 태어나 생존하는 일, 늙는 일, 병드는 일, 죽는 일이 있고, 더해서 사랑하는 사람을 여의는 일, 보기 싫은 사람을 만나야 하는 일, 구하는 것을 얻지 못하는 일, 심신의 부조화로 생기는 일 등이 있다고 할 수 있습니다. 이런 일들이 있기 때문에 그 일의 원인을 찾아내어 문제를 풀어야 편해질 수 있으므로 그 원인을 규명하도록 권고합니다.

그 원인은 자기 자신이 있다고 믿는 오류를 지니고 있기 때문이라는 것입니다. 따라서 자기 자신을 잘 알기만 하면, 이해하면, 모든 문제 속에서 문제로부터 자유로운 삶을 구현할 수 있다는 것입니다. 보는 것은 있지만 보는 나는 없다. 듣는 것은 있지만 듣는 나는 없다. 냄새 맡는 것은 있지만 냄새 맡는 나는 없다. 맛보는 것은 있지만 맛보는 나는 없다. 감촉하는 것은 있지만 감촉하는 나는 없다. 조건에 의해서 진행되는 현상은 있지만 나라고 할 만한 고정된 실체는 없다(무아無我)는 것이 이야기의 핵심입니다.

무아를 터득하면 괴로움과 즐거움이 다가와도 상대할 내가 없어서 자유로울 수 있는 것이지만, 우리는 늘 이 '애고' 나라고 하는 것이 있다고 집착하고 있기 때문에, 그 집착의 비례에 따라 괴로움이 가중되기도 하고 덜어지기도 합니다. 괴롭던지 즐겁던지 선택은 언제나 자기 자신이 결정할 몫이라 그 누구도 원망할 수가 없는 것입니다.

이 원인을 규명하고 이해한 사람을 지혜롭다 하고 그렇지 못한 사람을 어리석다고 말합니다. 지혜로운 사람은 행복한 인생을 살고 그렇지 못한 사람은 불만족스러운 삶을 지속합니다.

여기서 우리는 어떻게 살 것인가를 선택해야 하고, 행복하게 살기를 원한다면 바른 노력을 해야 한다는 것입니다. 이것이 평소 일상 속에서 어떤 수행을 할 것인가 하는 점입니다.

수행에는 다양한 방법이 있지만 내가 권하는 심플한 방법을 원하신다면 지속적으로 한번 해보심이 어떨까 권해드리며 소개해 봅니다.

위에서 행복한 사람은 지혜로운 사람이라고 했는데, 지혜로워지기 위해서 우선 마음의 안정이 필요해서 이 수행을 권합니다.

방법은 이렇습니다.

정적인 공부는 호흡을 알아차리는 것인데, 일단은 자신이 그때그때 해야 할 일들을 우선 평소 보다 더 열심히 정성스럽게 순서대로 즐겁게 하는 데서 수행을 시작합니다. 그리고 그 일이 마무리 되고 틈새가 생기면 잠깐이라도 호흡을 챙깁니다.
앉아서 해도 되고 서서 해도 되고 누워서 해도 됩니다. 마음을 기울여서 자연스럽게 드나드는 호흡을 있는 그대로 진행 하면서, 호흡이 들어갈 때 '붓'이라고 마음속으로 말하고 호흡이 나올 때 '토'라고 마음속으로 말합니다. 반복해서 붓~토, 붓~토, 붓~토 라고 시간이 허용하는 한 호흡과 함께 수시로 합니다. 이것이 간단한 수행 방법입니다.

여기서 붓토란 부처님이란 말인데 그 뜻은 잘 아시는 분, 깨달은 분, 기쁨을 주시는 분입니다. 그래서 이 수행은 수식관(修息觀)과 불수념(佛隨念)을 함께하는 아주 착한 수행인 것입니다.

평소 일상의 틈새에서 이렇게 수행을 습관화 하면서, 짬짬이 스님들 법문도 듣고 불서나 여타의 좋은 책들을 읽다 보면 현명한 지혜가 계발되는 것입니다.

위의 정적인 수행이 호흡이라면 동적인 수행은 평소의 동작입니다.
동작을 잘 알아차리며 수행하는 방법은, 그때그때 행주좌와 어묵동정 행하는 주제에 정성을 다하고 차근차근 즐겁게 하는 것인데, 그렇게 하다 보면 그렇게 하고 있는 자신을 잘 보게 됩니다. 그래서 동적인 수행과 정적인 수행을 수시로 하다 보면 서로서로 보완이 되어 수행이 참 재미있어 집니다.
이를 위해서 부수적으로 사회 윤리를 잘 지키면, 마음은 안정되고 지혜가 맑아지는 것을 확인 할 수가 있는 것입니다.

참고로 불교의 세계관은 모든 존재는 늘 변하고 있다는 것이며, 인생관은 늘 변화하는 이 속에서 어떻게 행복하게 살것인가 이며, 여기서 도출된 것이 수행관인데 수행을 생활화해야 한다는 것입니다.

그래서 위와 같은 세계관과 인생관 수행관을 확립해서 인격이 향상되면, 자기 자신 뿐만 아니라 다른 사람을 위해서도 마음을 잘 쓰게 되는데, 이것이 세상에 기여하는 일이라고 나는 확신합니다.

이렇게 사는 사람들은 현재의 순간이 즐거운 것입니다. 인생의 여로가 그대로 목적한 도달점이 되어 답습하고 있는 것입니다. 과정을 목적시하며 사는 현법낙주의 삶에 이른 것입니다.

불교란 이와 같습니다.
성불 합시다.

2016년 4월 1일
연암난야에서
도현 합장

※ (이번 회신은 봄에 대한 나의 감회와 단월가족 에게 보내는 문안, 그리고 나에게 찾아오는 방문객에게 드리는 글로 조각보처럼 구성했습니다. 참고 하시기 바랍니다.)

우과청산 (雨過靑山)

간밤에 빗방울 소리에 잠을 깨니 비바람이 한차례 설쳤다. 조용히 앉아서 들숨 날숨을 챙기며 호젓한 산중의 파도소리에 귀를 기울여 보았다. 이 또한 변해가리라 그렇게 관하며 기다리니, 어느 듯 비도 멎고 적막해 졌다. 너무 깊은 밤이라 다시 누워 잠이 들었다.

아침에 일어나니 도량에 생잎과 삭정이들이 흐트러지게 떨어져서 정신이 사나웠다. 내친김에 대청소를 한 번 하자 하고는, 종일 마당에 풀을 메고, 쓸고, 오르내리는 산길도 정리를 해놓고, 언젠가 구입해놓은 텐트까지 설치를 했다. 누가 찾아오면 쉴 곳이 마뜩찮아 잠깐 허리라도 붙일 수 있게 해놓고, 내가 먼저 누워보니 비 지나간 산 빛이 참으로 푸르다. 말 그대로 우과청산(雨過靑山)이다.

보는 위치에 따라서 사물의 분위기가 달라지듯이 이 텐트 속에서 바라보는 내 토굴은 작아서 귀엽다. 금생에 이 처소에서 머물다 사라져갈 내 자신의 모습에 애정이 간다. 이중에 무엇을 더 바랄 것인가... 그저 부처님께 감사할 뿐이다.

그 동안 살아오면서 신세 진 분들에게는 불전에 향초를 올리고 기원한다. 한때나마 내 마음을 스쳐간 그 어떤 인연도 소홀하게 생각하지 않고 고마운 마음으로 그분들이 건강하고 행복하기를.... 그리고 자기 자신을 의지처로 삼고 진리를 의지처로 삼아 평안하게 사시기를 축원한다.

토굴 중이 먹고 사는 현실적인 문제는, 어쩌다 누가 찾아오기도 하고 간혹 법문을 청하면 가는 일도 있어서 그렇게 탁발을 한다. 부처님 말씀에 수행자는 걸식에 의지해 살라고 했으니, 그렇게 하며 몸을 건사하고 선열식으로 정신의 양식을 삼아 살아간다.

오늘은 하동장이라 장에 가서 목욕도 하고, 신발을 한 켤레 사고, 점심도 먹고, 미니스톱 안에서 창밖을 바라보며 아메리카노를 마셨다.

날씨가 덥다

하동 장날 길가에
바나나 장수 아저씨
차 뒤편 파라솔 아래서 졸고

땅콩장사 아저씨
차 세워 놓고
손님 기다린다.

밀짚모자 잡화를 놓고
파는 아저씨
뻐끔 뻐끔 담배만 피우고

그렇게 하동장 파출소 앞 삼거리
아스팔트가 뜨겁다.

그보다 더 뜨거운 삶
세 아저씨의 구리 빛 의지

나는 잠시
선지식을 친견하는
선재동자가 된다.

다시 나의 둥지로 돌아오니, 산그늘이 내리고 살랑한 바람결에 파초 잎이 춤춘다. 그렇게 또 밤이 오면 나는 마당 끝에 등불을 켠다. 날 벌레들이 많아서 외등을 켜면 그쪽으로 모두 가서 창을 열어놓고 지날 수가 있다. 상현달은 중천에서 나를 내려다보고 별들이 다문다문 산중의 밤을 장엄 한다.

내일은 주말이라 누군가 온다는 전갈이 있어서 염두에 두고, 서로가 좋은 만남 이루기를 바라본다. 내가 누군가를 가르치려고 들지 않고 서로 대화로 소통하다 보면 서로 웃고 즐기다 헤어지게 된다. 내가 나도 내 마음대로 다스리지 못하는데 다른 사람을 어떻게 고칠 것인가... 그렇게 생각하며 사람을 대하니 수월하다는 것을 언제부턴가 조금 터득하게 되었다.

그냥 쉼 없이 차나 우려서 대접하며 혹여 좋은 경험담을 들으면 마음에 담아둔다. 요즘 세상살이가 녹녹치 않다는 것을 익히 들어서 알지마는, 또 열심히 살고 운이 따라주는 사람들은 그다지 어려운 것 같지도 않아서, 그래! 사는 것은 저마다의 복이로구나 하면서 크게 걱정하지 않는다.

그 옛날 중국의 조주 스님은 누구나 오면 차를 다려주며 "차나 마시고 가소" 하셨듯이, 나도 차나 열심히 다려주면 나보다 훌륭한 계곡의 물소리, 맑은 바람, 새소리, 벌레소리, 나무들의 싱그러운 녹음에 나그네는 마음이 편안해진다. 저절로 자연의 광장설을 듣고 에너지를 얻어서 간다.

그렇게 가고 나면 허전할 것 같아도, 사람이 떠난 자리엔 언제나 그윽한 자연이 함께해주어 빈자리의 가벼움으로 넉넉하다. 그런 경험을 하면서 하루하루를 살아간다. 인정은 늘 변해서, 친숙했다가 소원했다가 봄 여름 가을 겨울 날씨처럼 변하지만, 그냥 그러려니 하면서 지난다.

수행하는 사람은 늘 할 일을 미리 해 마쳐놓고 덤으로 살면 걱정이 덜하다. 아쉽고 가난해도 자존심을 지키면 하늘 사람이 와서 도와준다. 무엇을 웃고 무엇을 슬퍼하랴! 언젠가 시절 인연이 다가와서 몸져눕고 죽어질지라도 들숨날숨 하나 붙들고 붓도를 관하며 갈수 있다면, 그 다음 일은 모두 인연에 맡겨야지 달리 도리가 있겠는가? 그렇게 자위해 보면서 오늘을 정리해 본다.

곧 바로 장마가 온다는데 토굴 벽면에 쌓아놓은 통나무를 장작으로 쪼개어 놓아야겠다. 가끔 아궁이에 불을 집혀 방안을 가실 가실하게 해놓고, 앞산에 지나가는 빗줄기를 바라보면서 차를 마시며 허리를 반듯이 세우고 우과청산(雨過靑山)을 노래해야겠다.

내가 아는 모든 이들이 건강하고 시원한 여름 지내시기를 기원하며 불전에 향연을 피운다. 침 향의 향기가 좋다……

(불기 2560년) 2016년 7월 1일
연암난야에서 도현 합장

연암난야 마루에 들어와 태연히 앉아 있는 들 고양이.
매일 같이 스님에게 찾아와 밥을 먹고 가곤 한다.

또 가을이 오네

적요한 산중에 아득한 고요만이 흐르고 텅 빈 하늘엔 둥근 달이 휘영청 밝다. 냇물은 흘러서 바다로 가고 우리네 인생은 어디로 가는가?

사나흘 바깥나들이를 다녀오니 멧돼지들이 도량을 여기저기 헤집어 어수선하게 해놓았다. 가끔 요 녀석들이 나를 훈련을 시키지만 그러려니 하고 반나절을 땀 흘려 도량을 깨끗이 설거지를 해놓고 차를 마셨다. 시장기는 삶아둔 고구마를 먹었는데 고구마가 그리 맛있었다.

산중에 사는 맛이 이런 것이지 하면서 산색을 살피니 숲의 얼굴은 갈색으로 변하고 있다. 가을 비가 오고 날씨가 추워지면 단풍이 아름답게 피어나리라 기대가 된다.

들녘의 곡식과 과일은 비바람 따가운 햇살 아래 농부의 노력을 더해서 영근 결실이 보람차다. 서로가 서로에게 감사하는 자연과 인간의 교감, 아름다운 이 계절을 한국의 산하는 조화롭게 수놓고 있다.

이번 회신은 붓다의 처음설법(初轉法輪) 내용에다 대승의 요점(六波羅密)을 전하고 태국고승 아잔 차 스님의 말씀으로 회신을 꾸려보려고 한다. 나는 금생에 산중에서 늘 시은만 입고 사는 스님의 역할을 맡았으니 시주에게 보답하는 의미로 법의 선물이 제일 일 것 같아 법공양을 해본다.

붓다의 첫 설법을 '초전법륜' (初轉法輪)이라고 하는데, 내용인즉 인생은 고집멸도 (苦集滅道)라 하셨다. 인생은 태어나서 늙고 병들어 죽는다는 있는 그대로의 진리를 천명하시고 이러한 현실 속에서 인간은 어떻게 생활해야 하는 지를 도(道)에서 여덟 가지로 말씀 하셨다.

바른 견해, 바른 생각, 바른 말, 바른 행위, 바른 직업, 바른 노력, 바른 알아차림, 바른 안정, 이것으로 자기수양을 확고히 할 것을 말씀하셨다면...
대승불교에서는 육바라밀의 사회화를 강조한다. 서로 나누고,

저마다의 질서에 충실하고, 잘 참고, 열심히 노력하고, 걱정 근심 없는 마음을 근본으로 삼아, 지혜롭게 대처하며 살라고 하셨다.

세상은 무상 고 무아(三法印)로 쉬 임 없이 변하고 있는 데 그대여 어찌하여 진리를 찾지 않느냐'고 노파심으로 중생을 일깨웠다.

붓다는 이 무상의 진리를 자각하시고 잘 알며. 늘 깨어있는 정신으로, 언제나 편안함에 머물다 가신 분이다.

이 분을 이해하고 이분의 가르침을 공감하면서 산다는 것은 정신적으로 큰 재산을 상속받은 것이니, 물질적인 재산이 좀 불만족스럽더라도 마음을 어루만지며 다독이며 사는 것이 올바른 불자의 자세 아닐까 생각해본다. 모든 힘든 이들이 어려움 속에서도 붓다의 가르침 속에서 위안을 받길 바란다.

그리고 어떠한 환경에 처할지라도 우리의 생각이 우리의 미래를 결정하기 때문에 어려울수록 생각을 조심 하라는 태국의 고승 아잔 차 스님의 말씀도 소개해본다.

생각을 조심하라

그대여 그대의 생각을 조심하라
그대의 생각이 원인이 되어
그대의 행위가 변한다.

그대여 그대의 행위를 조심하라
그대의 행위가 원인이 되어
그대의 습관이 변한다.

그대여 그대의 습관을 조심하라
그대의 습관이 원인이 되어
그대의 성품이 변한다.

그대여 그대의 성품을 조심하라
그대의 성품이 원인이 되어
그대의 삶과 운명이 결정된다.

끝없는 실수와 과오를 반복하면서 날마다 참회하고 고쳐가면서 산다고는 해도, 인간의 습관은 참으로 개선하기가 어렵다. 그래도 계속 노력하는 것이 인간다운 모습이 아닐까...

불교는 더도 덜도 아닌 바로 이것이다. 불자는 불교가 무엇인지 분명히 알아야 하는 것이다. 불교의 가르침에 사제, 팔정도가 빠지면 불교가 아닌 것임을 명심하고, 다양한 불교의 방편을 선별할 줄 알아야지 후손에게 바른 불교의 전통을 전승할 수가 있는 것이다.

건강한 사람은 약을 쓸 일이 없고, 마음이 행복한 사람은 특별한 수행 방법을 필요로 하지 않지만, 우리는 실제로 그렇지 못하니 몸이 아프면 약을 쓰고, 마음이 불만족스러우면 기도 염불 참선 간경을 무한반복 하면서 생각을 다스린다.

세상에 좋은 일 나쁜 일이 수 없이 많지만 그 모든 일에는 언제나 마음이 앞서 있다. 마음이 모든 일을 이끌기 때문에 생각을 조심하라고 아잔 차 스님이 말씀하시는 것이다. 긍정적이고 밝은 쪽으로 마음을 기울이자.

나는 통념적인 불교의 상식에서 벗어나 모든 기득권을 놓아버리고, 그냥 중노릇하는 것만으로도 살아갈 수 있는 승가의 분위기가 한국불교의 풍토에서 가능한지 녹록지 않은 시험을 치르고 있지만, 궁하면 통한다는 믿음으로 인고 한다.

이따금 추적이며 오가는 가을 비, 쓸쓸한 가을바람에 떨어지는 낙엽, 날이 들고 따스한 볕 아래 비질을 하고 바라보는 맑은 도량, 이것이 호젓하게 살아가는 토굴 중에게 돌아오는 최상의 청복(清福)이라 여기며 산다. 이것은 기득권을 놓아 버릴 때 찾아오는 프리미엄이다.

다행히 정법을 믿고, 나누는 것으로 고해를 건너는 단월 여러분 덕분에 건재하다는 말씀을 드리며, 명절을 지나면서 감사 드린다. 가정에 늘 건강이 함께하고 가족 분들이 저마다 하는 일에 여의 하시기를 축원한다.
맑은 바람 밝은 달이 좋은 계절에 끝이 아름다운 인연을 생각하면서....또 가을을 맞는다.

하루에 조금씩 겨울살이 땔감을 준비하면서 지내야겠다.

2016년 10월 1일
연암난야에서 도현 합장

단월 제 19신 (겨울)

낙목한천 (落木寒天)

여명이 밝아오고 맑은 햇빛이 창호에 선하게 얼굴을 내밀면 내 마음도 환해진다. "안녕하세요? 반갑습니다." 우리는 그렇게 만나서 또 오늘 하루를 시작한다. 끝없는 오늘의 반복이지만 날로 새로운 날을 맞으며 산다. 유리문 안쪽의 창호를 열고 마당의 동정을 살피니, 웅덩이 물이 얼고 돛단배는 얼음 속에 갇혀 있다.

누더기를 걸치고 털모자를 쓰고 동쪽으로 난 오솔길을 걸어본다. 푸른 소나무 사이로 빗살처럼 쏟아지는 찬란한 빛에 눈이 보신다. 앙상한 가지 사이로 내려오는 하늘빛이 차다. 말 그대로 '낙목한천(落木寒天)'이다.

나무야 나무야 겨울나무야

눈 쌓인 응달에 외로이 서서
아무도 찾지 않는 추운 겨울을
바람 따라 휘파람만 불고 있느냐

평생을 살아봐도 늘 한자리
넓은 세상 얘기도 바람께 듣고
꽃 피던 봄여름 생각하면서
나무는 휘파람만 불고 있구나

　건너 산 응달의 바람받이 언덕을 바라보면서 동요 겨울나무의 가사가 떠올라 생각해보니, 한 겨울의 내 처지와 비슷해서 을씨년스럽다. 그러나 나는 우리 엄마의 낙천적인 성향을 닮았는지, 주변의 상황이 그다지 좋지 않을 때에도 걱정을 적게 한다. 그리고 지금 할 수 있는 일을 한다.
　지금은 주변의 마른 나무를 주워다가 군불을 집혀서 방부터 따뜻하게 하는 것이 상책이다. 겨울 날 방이 따뜻하면 생각도 따뜻해진다. 그래서 봄여름 생각하면서 휘파람을 불고 있는 나무가 되면 좋다.

　이번 회신은, 지난 한 해를 마무리 하고 새해를 맞는 즈음이라 송구영신의 시제에 맞는 내 주변 이야기를 조금 해야겠다. 다행히 산중에는 나무가 많고, 양식은 신도님이 보내주는 것으로 만족하다. 그냥 차 한 잔 마실 여유와 넓은 지리산을 마음에 지니고 있음에 감사한다.

　호사다마라고 했던가?... 요즈음 한 가지 괴로운 일은, 밤 12시
만 지나면 서 행자(쥐)가 들어와서 부스럭거려 안면방해를 하는
통에 숙면을 할 수가 없었다. 여러 날 시달리다가 쥐 덫을 사다
놓았지만 서 행자가 나보다 머리가 좋은지 쥐 틀을 피해 다닌다.
어제 낮에 대나무 회초리를 하나 마련해 놓고 밤 자정이 지나서
기척이 있자 앉아 기다리다가 맞닥뜨렸다.
　한동안 실내에서 쫓고 쫓기면서 숨바꼭질을 하다가 코너에
몰아놓고 휘초리로 때려잡았다. 약간 서둘다 보니 쎄게 때렸는지
쩩 하면서 기절을 했다. 불집게로 집어서 마당 끝 대밭에 버리고
들어오면서부터 마음이 짠했다.

　날이 새자마자 서행자 버린 곳을 자세히 살펴보니 정신이 들어
어디로　갔는지...흔적이　없다.　아!　다행이다.　폭행치사에서
폭행죄만　적용되어　형량이　줄어　마음이　한결　편하다.　다음에
나타나면　서둘지　말고　차분히　내보내야겠다는　생각을　하면서
일련의 사건을 종결 지었다.

　나는 지난 일 년을 무난하게 지났다. 산중에 사는 일이란 그냥
묵묵히 지나다가, 누군가 찾아오면 이야기하고 이야기 들어주며
차 마시고 담소하는 것이다. 나그네가 없을 때는 도량을 관리하고
끼니를　챙긴다.　어쩌다　밖에서　법문　청이　있으면　한　번씩

나들이를 하는 것이 내 삶의 모두다. 지극히 단조로운 삶이다.

단지 내가 추구하는 마음속의 일은, 호흡지간에 늘 붓토 붓토 하고 숨 쉬는 만큼 부처님을 생각하는 일이다. 그분을 가까이 모시면 나도 그분을 조금씩 닮을 것이라 확신하기 때문이다. 아직 나는 絕學無爲閑道人 절학무위한도인(공부를 하지 않아도 한가한 도인)이 못된다. 그러나 죽을 때까지 계속 할 일이 있다는 것은 행운이 아닐 수 없다, 몸은 스스로 건사할 수 없으면 저절로 폐차장으로 가기 마련이라 인연을 따라 정리가 되겠지만, 나의 업은 언제나 함께할 도반이라 잘 챙기면서 좋은 방향으로 나아가자 하고 있다.

신도들의 일은, 선재회를 5년 전에 정리 했지만 아직까지 인연을 함께하는 분들도 계시고 또 약간의 새로운 인연들도 생기는데, 일단은 부담을 주거나 나에게 메이게 해서는 안 된다는 생각에 관리는 하지 않는 편이지만 자연스런 교감은 이루어지고 있다. 늘 거두고 살펴주는 약간의 신도와 도반이 있다는 것은 얼마나 고마운 일인지 모른다.

자연적 환경과 적절한 사람의 관계 속에서, 복잡한 시도를 하지 않고 조용하고 맑게 차분하게 살아가는 나의 산거에서도, 늘 주변의 어려움과 마주치면서 삶이 녹록지 않다는 것을 실감하지만, 다가오는 대로 문제를 맞고 보내며 조금씩 늙어간다.

어느 날엔가는 신심 탈락하여 걱정 근심 없이 죽기를 바라며 덤으로 산다 생각하니, 마음이 그다지 급급하지는 않다.

마음속에 지니고 있는 소원은 "한번 죽어버리면 다시 죽지 않는다."는 말 대로 욕심에 죽고, 성냄에 죽고, 어리석음에서 죽으려고 늘 자신을 되돌아보면서, 붓다의 말씀을 상념하며 신심이 편안한 상태에 있도록 언제나 노력한다.

살아오는 동안 나는 누군가를 도와야 한다는 생각과, 스스로 자기를 지탱할 중심을 태산처럼 가슴속에 두어야 한다는 생각으로, 주는 불교와 위빠사나 수행을 몇몇 분들에게 나마 전해주려고 하면서 살다 보니 한 세상이 다 갔다. 나를 위해서 무언가 대비하는 일은 잠깐 잊고 산 것이, 마치 자식만 키워 놓으면 노후는 자식에게 의지하면 된다는 우리 부모님 세대의 생각으로 나도 산 것 같다.

문자 그대로 소유하는 삶보다 존재하는 삶을 지향하면서 소욕지족의 이상적인 삶을 살다 보니, 구체적인 현실에 어두웠고 그 동안 세상이 바뀌었고 세태가 달라졌다. 그러나 후회하지는 않는다. 지금 내 앞에 다가오는 일들에 전념하면서 마음을 착하고 맑게 갖도록 노력할 뿐 여타의 일은 인연에 맡기고 산다. 한 가지 죽도록 믿는 것은 "착한 생각을 하고 선신이 도우면 어려운 곳에 처해서도 어려움이 없고, 나쁜 생각을 지니고 하늘이 용납하지 않으면 편안한 곳에 있어도 불안하다."는 이 점이다.

올해도 내 주변의 오랜 인연 두 분이 돌아 가셨고 두 쌍 남녀가 결혼을 했다. 아직도 건강한 분들이 있는가 하면 정신이 흐린 분도 계시다. 전에 보다 살기가 나은 분들이 있는가 하면 조금 어려워진 분도 계시다. 참으로 훌륭한 인간 승리의 주역도 서너 분 있어 파이팅! 한다. 내가 어렵다 하면 몇몇이 추렴을 해 와서 순수한 마음으로 도와주기도 하고, 시종일관 자기가족의 일원으로 한세상 나를 배려하는 이도 있다. 참으로 부처님을 인연한 정성이 고맙다.

며칠 전에는 경산에 가서 인연이 오랜 보살님 내외분을 뵈었다. 두 분이 지혜롭게 잘 지나시고 미국에 있는 두 아들도 손 자녀와 잘살고 서로 소통이 원활했다. 나는 서양화가인 이 노 화백의 그림을 은근히 탐해서 몇 점을 챙겨왔는데, 그 중에 두 점을 내 방 양쪽 벽에 걸었다. 송정 앞바다 그림은 왼쪽에 걸고 산 숲 속의 개울은 오른 쪽에 걸었더니, 방안에 잔잔한 파도소리와 산골짝 물소리가 들린다.

나는 이렇게 살면서 올 한 해를 보낸다.

첩첩 산중 저밖에
아득한 만리...

추녀 끝에
풍경이 운다.

겨울 비 추적이는
마당가에

계곡을 돌아가는
맑은 물소리

때가 되면 오겠지
남쪽 바다 봄소식
올해의 세모도
이렇게 가네....

내가 아는 모든 이들이 새해 복 많이 받기를 진심으로
기원하며 첫눈을 기다린다...

2017년 1월 1일
연암난야에서
도현 합장

눈 쌓인 연암난야

꽃집 주인

휘파람새 소리 아련히 들리는 새벽에 일어나서 부엌에 나가 아궁이에 불을 집힌다. 불꽃이 피면 가슴이 따스해진다. 데운 물을 놋 세숫대야에 떠다 놓고 방에서 삭발을 한다.

69번째 맞는 계절, 아름다운 모습으로 다가 온다. 해마다 찾아오는 이 손님은 언제나 변함이 없는데 거울 속에 비치는 내 얼굴은 많이도 변했다. 거울을 바라보며 머리를 민다. 희끗희끗 쉬어버린 머리카락, 주름진 얼굴, 희미한 눈동자, 그러나 늘 보던 얼굴이라 애정이 간다.

어릴 적, 외할머니 쪼글쪼글한 얼굴에 머리 감아 빗고 동백기름 바르고 햇볕에 눈부셔 하던 그 모습이 그립다. 누구나 정이 들고 익숙해지면, 변해가는 껍데기 아랑곳없이 얼굴 속의 얼굴 마음

얼굴 보느라 주름 진 얼굴은 그냥 통과, 참으로 마음의 눈은 대단하다. 나도 그렇게 내 얼굴 바라보며 조심조심 면도날을 다룬다.

날이 샌다. 태양빛은 서산마루에 나타나서 등고선을 따라 내려와 내 토굴 마당을 쓸고 마을로 내려간다. 계곡을 따라 바다로 가는 물길의 두른 거리는 소리...

오늘은 아침공양을 마치면 우체국을 들려서 용돈 조금 찾아 구례 장을 보고, 점심도 먹고, 섬진강변을 따라 하동을 돌아 여기저기를 구경하고 쉬엄쉬엄 차도 마시며 이 동네 저 마을 강을 따라 꽃 바람이나 쉬어올 참이다.

강변의 매화로부터 산동의 산수유, 오늘 장에 가면 또 얼마나 예쁜 화분들이 주인을 기다리고 있을 것인가.... 꽃뿐인가? 몽실 몽실한 강아지가 오골 오골 뒤엉켜서 데려갈 주인을 기다리는 트럭 위의 귀엽고도 슬픈 정경, 조그만 대야에 봄나물 벌여놓고 쌈지 돈을 모으는 우리네 어머니들. 그 마음속엔 아들 딸 손자뿐 햇볕에 그을린 모성이 짠하다.

박상 터지는 소리 뻥 뻥 장터를 뒤로하고 차를 타고 달리는 섬진강변은 온 천지가 매화다. 흐드러지게 피었다. 우리에겐 흔해서 귀하지 않으려고 하는 꽃구경도, 도시 사람들에겐 귀한 축복이라 차와 사람이 미어터진다. 덕분에 덤으로 사람 구경도 하면서 하동을 돌아 다시 화개로 와서 단골 커피 집에 들렀다.

'프레넷 1020' 행성 1020이라는 뜻, 이름이 좋은 카페다.

지중해 풍으로 흰색 바탕에 파란 하늘색 앙상블을 살린 조화로운 건물, 뜰이 소담하다. 그보다는 바리스타가 호인이고 후견인인 엄마 아빠가 자상하고 배려 깊은 분들이라 가끔 들린다.
두어 해 전에 대상포진으로 구례병원에 한 열흘 입원해 있을 때 입맛을 잃어 힘들었는데, 이 집 엄마가 만들어다 준 과일 채소 주스는 지금도 그 시원하고 달디 단 맛이 생각이 난다. 사람은 그렇게 이웃하며 사는가 보다. 고마운 일이다.

그렇게 돌아와서 밤을 맞고 기분 좋게 자면서 나는 꿈속에서 꽃길을 걷기도 했다. 요즈음 더러 더러 꽃구경 왔다가 날 찾고 꽃값을 주고 가는 나그네가 있는가 하면 스님들도 있어서, 내가 화개동천 꽃집 주인 같은 착각을 한다.
하기야 말사 주지 하시는 스님들은, 혼자 신도 단련 하며 열심히 사시다가 산중에서 농사도 짓지 않고 사는 나를 염려해 찾아주는 것이고, 신도님들 역시 나를 자비심으로 거두어 주는 것이다. 먼 길 몸은 오지 못해도 늘 마음으로 오는 이 있어 나는 이 산중에서 홀로 노랑 할배 모시며 사는 것. 언제 생각해도 은혜가 무량하다.

그래서 상상을 해본다. 이 화개동천 지리산에 피고 지는 꽃집의 주인으로서 시중의 꽃집들을 생각해보니 온 나라의 꽃시장을 다

모은다 해도 어디 이만한 꽃집 있으랴 싶어 어깨가 으쓱 해진다.

어디 나 뿐인가.

이 꽃피고 새우는 계절에 자기 마음의 풍광만 좋으면 누구나 꽃집 주인인 것을...

이 봄에는 가지는 것과 즐기는 것, 소유냐 삶이냐, 꼭 주판을 한번 놓아 보시기 바라본다. 가진 것이 조금 적으면 이렇게 보충하는 셈법도 있으니 소욕지족, 안빈낙도, 현법낙주 라는 지적 재산을 취득하시면 녹록지 않은 생활에도 여유가 생기지 않겠는가.

이제 꽃보다 더 예쁜 연두빛 어린잎이 녹색 눈처럼 무수한 가지 끝에 내리면, 수채화처럼 온 산이 물들고, 연두 빛 운무가 구름 같이 피어나고, 계곡가엔 진달래, 붉은 산도화, 맑은 물길은 천만년 햇볕에 그을린 반석을 돌아 아득히 흘러갈 것이다.

모두 가 버려둔 이 고요, 적요한 햇살에 잠긴 정적을, 모두 다 돈 줍느라 땅만 보고 사는 일에 골몰하느라 놓치고 만다.

애닲다! 인생사 무얼 위해서 사나....

여기 부평 같은 인생의 반나절을, 신선이 된 일 없는 꽃집 주인이 이 시절을 영접하고 보낸다.

남쪽에서 와서 북쪽으로 가시는 봄 손님을...

파초의 순이 한자나 올라 왔다.

2017년 4월 1일
지리산 연암난야에서
도현 합장

수행처였던 선재난야에서의 한때

행각을 다녀와서

희뿌연 새벽에 새들이 맑게 지저귄다.

오월도 가고 유월 곧 칠월이다. 도량엔 백합꽃 향기 그윽하고 산의 나무들은 소나무와 잡목이 구분이 안 된다. 눈만 뜨면 보는 산, 귀만 열면 흘러가는 계곡 물소리, 어쩌다 한 차례씩 나들이를 다녀오면 더욱 맑아 좋다. 조그만 토굴이라도 내 집이 편하다는 생각을 하면서 2주 여를 다녀온 여정을 돌아본다.

왕복 보름간의 일정이 되었지만 제일 처음 간 곳은 김해 외국인 거리다. 내가 한 시절 태국에서 살아본 정서가 있어서 국내에 거주하는 태국 사람을 한번 만나보고 싶다는 생각이 늘 있었는데, 그것이 동기부여가 되어서 일단 떠났다.

하동에서 부산 서부 시외버스 터미널로 가서 경전철을 타고 수로왕릉 역에 내렸다. 길가는 사람에게 물어 태국 음식점을 찾아 똠얌꿍을 시켜서 먹어보니 맛이 있다. 그러나 약간은 퓨전 이라는 생각이 들어 현지식 같은 음식을 먹고 싶어서 다른 태국 식당도 물어보니, 김해에 태국음식점이 다섯 군데나 있다고 했다. 그리고 태국인이 김해에 만 여명이 취업해 와서 살기 때문에 태국 승려도 있다는 말을 들어서, 수소문하여 들린 태국 식당에서 오렌지 빛 승의를 걸친 스님을 만났다.

수인사를 나누고 자초지종 이야기를 나누다 보니, 태국에서 내가 살던 사원에서 가까운 '왓 마하탓' 스님이라 친근감이 들었다. 서로 전화번호를 입력하고 후일을 기약했다. 눈 안질이 있어 안과에 가는데 식당 아주머니의 언니를 통역으로 동행하느라 기다리는 중이라고 했다. 자기는 위빠사나를 가르치고, 거처는 단독주택 이층을 빌려서 살면서 점심 공양은 식당에서 한다고 했다. 62살에 스님 노릇 32년, 한국거주 7년 차였다. 인상이 좋은 스님이었다. 자기의 거처는 다음 기회에 들르기로 하고 헤어졌다.

겸사겸사 생각해두었던, 최근에 김해 모 암자에 주지로 부임한 도반이 가까운 곳에 있어 전화를 했더니 일찍이 전화하지 않았다고 야단이다. 지척이라 택시를 타고 기본요금을 지불하고 산길을 조금 걸어서 도착한 절, 대웅전에 계시는 금빛 노인을 참배하고 주지 실에 들어섰다. 수십 년 오랜 친구라 흉허물이 없어 편한 사이다. 온지 얼마 되지 않은 절이라 도량을 안내하면서 장차 계획을 소상히 설명해 주었다. 관록이 있어서 가람 수호도 잘하고 신도단련도 여전히 할 것이라 나는 들숨에 붓, 날숨에 토, 하면서 놀기만 했다.

그도 태국에 산적이 있어서 다시 한 번 태국음식도 먹고, 목욕도 하고, 쇼핑도 했다. 기능성 셔츠에 신발까지 사서 입히고 신겨주었다. 하루 밤 자고 한 밤 더 자고 가라는 바람에 저녁때에야 다음 목적지로 갈 부산 노포동 시외버스 터미널까지 태워다 주었다. 노자까지 넉넉히 주어 고마운 인사말을 에둘러했다, "자가용(신발) 한 대 뽑아 주더니 운영비까지 주네"라고, … 진심으로 감사하면서 도반을 뒤로했다.

홀가분한 마음으로 동부선에 몸을 싣고, 경주시외버스 터미널에 도착해서 방문할 절 도반에게 전화를 했다. 안내를 받아 40분 거리의 노선버스를 타고 감포 방향으로 달렸다. 앞서 간 절도 그렇지만 이 절도 사전 예약 없이 들어서고 있는 것이다. 바쁜 사람들이야 미리 전화해놓고 가지만, 이번 나의 여정은 불현듯 가는 것이라 엉뚱하기도 해서 편하다. 7시 30분 정도에 도착해서 만난 지점에서 저녁으로 곤드레 비빔밥을 먹고, 빨간 오픈카를 타고 감로암 이라는 절에 도착했다.

74살 암주는 밤에 잠이 잘 안 온다더니... 한밤중에 추적이는 비 소리가 들려서 문을 열어보니, 마당에 외등을 밝혀 놓고 꽃에 물을 주고 있었다. 아닌 밤중에 홍두깨 라더니 진짜 이 스님은 꽃 가꾸는 수행을 하고 있었다. 자기가 좋아서 하는 일이 남을 기쁘게 하니 자리이타의 삶이 따로 없다. 다음날은 장승포 고래 박물관도 구경시켜 주어서 돌고래 쇼도 보았다. 마음이 짠했다.

울산 태화 강변 십리대밭도 회전 전망대에서 구경하고, 언젠가 내 병문안을 구례까지 온 적이 있었는데, 이번에 병원으로 데리고 가서 대상포진 예방주사까지 맞추어 주었다. 재발하지 말라고... 각별한 도우지정이요 배려지심이다. 이틀 밤을 자고 사흘째 아침에 예의 오픈카?... 삼발이 오토바이 짐칸에 물통을 거꾸로 놓고 앉아 운전석 뒤 철재 난간을 잡고 버스 타는데 까지 태우고 와서 전송해 주었다.

다음은 경기도 화성으로 가는데 경주KTX 역에서 문의하니, 목적지에 지체 없이 가려면 잠시 후 KTX를 타고 대전에서 내려 수원 가는 무궁화호를 타라고 해서 그렇게 하마고 했더니, 바로 연결 노선표까지 끊어주었다. 참으로 교통 시스템이 잘 이루어져 있고 매표소 직원도 참 친절했다. 수원에서 화성, 버스로 20분, 버스에서 내려 절 까지 택시요금 7000원이 나왔다. 화성의 태국절 왓 붓다랑시에는 주지스님이 외출 중 이었다.

3시간여를 놀며 기다리니 주지스님이 오셔서 인사하고 통성명을 했다. 내 짧은 태국어를 요량으로 잘 미루어 알아들어주니 편했다. 자기는 출가한지가 10년쯤 됐고 나이가 60, 나는 태국에서 수계한지가 30년이 됐으니 비록 한국 승복을 입고 있지만 선배의 예로서 대해주었다. 태국에는 2개 종파가 있는데 하나는 내가 속한 '마하니까야', 하나는 이 스님이 속한 '담마윳다니까야' 다. 두 종파에 한 승왕이 나오시니 큰 이질감은 없고, 단지 '담마윳다니까야'가 계율이 더 엄격하다. '마하니까야'는 하루 2식 아침 점심을 먹고 오후에 우유 정도는 마시는데, 담마윳은 하루1식 혹은 2식 점심만 먹고 오후에는 물이나 맑은 음료만 마신다. 그 덕에 저녁도 굶고 아침도 굶었다.

저녁 예불도 하고 아침 예불에도 참석했더니, 점심 공양은 공양청이 있으니 밖으로 나가자고 했다. 신도가 차를 가지고 모시러 와서 따라간 곳은 태국사람이 신장 개업하는 슈퍼마켓 이었다. 준비해간 성물들을 차려놓고 가운데 불상을 모시니 간이 법당이 되었다. 아마 한 가족이 팀이 되어 가게를 꾸려갈 참인가 7명이 스님의 지시에 따라 의식에 동참했다.

먼저 스님이 인도해서 촛불을 켜고 향을 피우게 한 연후 3배하고, 스님이 삼귀 오계를 선창하면 따라 하게한 연후에 오늘 스님들께 공양 올리는 연유를 고하니, 스님이 덕담을 하고 축복의 염불을 마치고 점심을 먹는 순서였다. 스님들이 공양을 마치고 나서 신도들이 공양하고, 마지막에 이러한 공덕을 조상에게 회향하는 의식을 하며 마쳤다. 슈퍼마켓 주인은 한국말을 잘하는 것 같아서 "장사 잘 되어서 부자 되세요" 했더니 태국인 특유의 미소를 보였다.

절로 돌아와 짐을 챙겨서 나오니 주지스님 통역을 맡아 하는 처사가 수원 시외버스 터미널까지 태워주었다. 30분가량 소요되는 거리를 달리면서 그분은 자기 이야기를 나에게 했다. 자기는 천주교 신자인데 지금은 퇴직했지만 전에 회사 근무를 태국에서 하고 지금은 화성지역 태국 취업인들의 일을 하다 보니, 현장 태국어를 불편 없이 하는 정도라고 했다. 한 가지 고민은 절에서 스님 일을 돕다 보니 불교를 좀 알아야겠다 싶어서, 몇 해 전에 수원 용주사 불교 대학 강의도 듣고 졸업하면서 계도 받고 수운이란 법명도 받았다고 했다. 아내와 같이 어쩌다 성당도 가는데 두 어른을 섬기자니 마음에 갈등이 생긴다고 스님의 조언을 받고 싶다고 했다.

나는 "대통령같이 유명한 분이 돌아가시면 각 종교계 대표가 차례로 나와서 추도사를 하는데, 거사님도 두 곳에서 나오게 되었습니다. 갈등하지 마시고 아내 따라 성당도 가시고 절에도 와서 스님 통역일 성심껏 도와 드리세요. 좋은 가르침 두 곳에서 받게 되니 폭넓고 좋지 않습니까? 단지 최고의 종교는 자기의 양심을 속이지 않는데 있으니 그 점만 염두에 두세요" 라고 말했더니, 답답하던 가슴이 좀 뚫리는 것 같다면서 고마워했다.

공주로 가는 차 중에서 생각해보니, 태국 불교 혹은 미얀마 불교를 수행하고 온 우리 스님들이나 신도님들은 다 그곳의 좋은 점을 말하지만, 그 이면에는 오늘 내가 마켓에 따라가 복을 빌어준 기복 불교가 만연해 있음은 우리나라나 다를 바가 없다. 오히려 우리 불교가 정령을 숭배하는 면에서는 훨씬 덜하다. 절에서는 불교, 세속에서는 힌두가 성행하는 남방불교의 일면을 알고 있다. 그러나 현세의 이익을 위해서 날마다 30만 명의 스님들께 올리는 공양이 태국 불교를 유지해 주고, 절에서나마 정법을 전승해 가도록 하고 있는 모범은 대단하다.

우리 불교는 절 집안에 기복이 들어와서, 적당하면 좋은데 지나치기도 해서 정법이 흐려지는 일면이 있다. 자각하면 좋아지리라 생각한다. 아무튼 태국 절 붓다랑시의 주지스님은 태국 취업자들의 대부로서, 한국주재 태국 대사관과 공조하면서 자국민을 보호하는 모습이 대승불교의 보살 같아서 훌륭하게 보였다.

2시간 걸려 공주 시외버스 터미널에 도착하여 택시를 타고 선림사에 도착하니, 역시 대웅전 앞 넓은 마당의 푸른 잔디밭이 압권이다. 10년 넘게 이곳 주지 스님이 만든 작품이다. 날이 가물어서 목말라하는 잔디의 표정 외에는 여전하고, 절에서 함께 사는 강아지 두 마리 '선재'와 '보리'는 나를 좋다고 자지러진다. 어찌 소시지 선물을 거를 수가 있겠는가? 사람이나 짐승이나 오랜 정은 귀하다.

현각 스님은 40년 도반이다. 해인사 승가대학을 함께 졸업하고 선방에 다니며 정진하면서 골수를 채우고는, 이제 주지하면서 가람수호와 신도단련하며 우리의 전통 불교를 잘 전승하고 있다. 특유의 부지런함과 배려심으로 모범적인 도량을 가꾸고 있다. 단지 연식이 오래된 차(몸)를 끌고 다니다 보니, 근래에 고장 조짐이 조금씩 발생하여 약간 불편타. 좋아서 하는 일에 무리 가는 줄 몰라서 그런데... 오는 사람 좋아라고 하는 일에 당신의 인생을 걸다 보니 도량은 아름답게 장엄 되었지만 힘이 든다. 내 집 같이 쉬고 어려우면 왔다 갔다 하면서 의지해온 친구라 머무는 일이 한갓지다. 한 열흘 해주는 밥 먹고 놀다가 내 토굴로 돌아왔다.

어질러진 도량을 한 이틀 청소 하고, 진입로도 말끔히 치우고, 진주에서 오는 팔정도 부부 팀을 맞아 위빠사나 공부할 준비를 해두고 푹 쉬었다.

오늘 예의 월례법회를 마치고 진주 팀은 낯선 손님들을 위해서 먼저 가시고, 광주에서 온 지인들이 내 토굴에서 만나기로 한 남해 보살을 기다리다가, 그들이 길을 잘못 들어 서로 찾느라

쇼를 한차례 하고 만나서, 담소하다 점심도 거르고, 화개에 가서 '콩 사랑 집' 저녁을 먹고 토굴 입구까지 태워줘서 올라오니 6시 반경이다. 물을 뿌리고, 마당을 쓸고, 안팎을 정리 정돈하고 불전에 일주 향을 올렸다. 이것이 내 인생 이라는 생각을 하면서... 그리고 감사했다. 훌쩍 지나간 2주, 함께하는 부처님께 커피를 연하게 내려서 한 잔 올리고 나도 마신다.

그 동안 머물다 온 절들과 도반 스님들께 감사하고, 내가 아는 모든 이들이 무더위를 시원하게 보내시길 염원 해 본다.

구수하고 향기로운 커피 향처럼 살만한 인생의 여정에서 오늘을 접는다.

2017년 7월 7일
지리산 연암난야
도현 합장

(추신)　　탄산 거사님 혜존(惠存)

찬탄삼보 하옵고

탄산 거사님의 편지 잘 읽었습니다.

그간에 살아 오신 일들을 생각하면 모두가 오늘을 있게 한 인연인가 합니다.
　숱한 세월 성실함 하나로 살아오신 거사님의 일생에 경의를 표하면서 대단한 인내로 살아오셨다는 생각을 하게 됩니다.
동봉해 주신 예불문 소책자 만들어 보시하겠다니 너무 좋은 일입니다.무엇보다 거사님이 평생을 의지해온 경문이고, 또 스스로 정리한 바른 견해가 돋보입니다.
　바라건대 누구나 몸이 아픕니다. 동병상련으로 거사님의 건강이나 나나 보리행 보살님의 상태도 다 비슷하니 인연 따라 병고와 늙음을 그냥 받아들입시다. 개인이 관리할 수 있을 때까지 관리 하면서….

말씀대로 예불문은 부쳐드립니다. 책 만들면 나에게도 몇 권 보내주세요
힘들면 쉬어가면서 사는데 까지 살아봅시다.

믿음만이 유일한 의지처 입니다.

　나는 들숨에 붓 날숨에 토 붓-토 붓-토 하면서 수식관과 불수념을 함께하면서 찾아오는 인연을 맞고 보내며 살고 있습니다.

붓토는 부처님을 말하는데
잘 아시는 분
바르게 경험하신 분
늘 법으로 편안하신 분이라서 나도 그렇게 되려고 노력합니다.
다시 붓토를 하지 않아도 될 때까지…

　이 확고한 신심만이 영원한 나의 의지처 입니다.
무더운 여름날 가족들이 모두 건강하시고 조그만 일들 속에서 큰 즐거움 누리시길 바랍니다.

2017년 7월 7일
지리산 연암난야
도현 합장

적요 (寂寥): 적적하고 고요함

투둑! 툭! 툭! 알밤이 너와 지붕에 떨어지는 소리를 듣고 잠이 깨었다. 불을 켜고 시계를 보니 새벽 두시다. 어중간하다. 다시 누워도 잠이 올 것 같지도 않고 그냥 습관처럼 앉아본다. 허리를 곧게 세우고 반듯이… 귓속에는 귀 바퀴 돌아가는 소리뿐 그 속을 귀뚜라미 울음이 함께 돈다. 어쩌다 지나가는 바람이 풍경에 흔적을 남기면 뎅그렁! … 사띠를 일깨워 준다.

온몸으로 호흡이 들여 쉬어질 때 붓, 온몸으로 호흡이 내쉬어 질 때 토, '붓토'는 잘 아시는 분, 체험 하신 분, 편안 하신 분인 '붓다'의 주격이다. 그렇게 호흡과 붓다를 상념 하면서 앉아서 자연스럽게 숨쉬다 보면 심신이 편안해 진다. 이럴 때 좋은 아이디어도 떠오른다. "내일을 걱정하는 것은 오늘을 확실히 살지 않기 때문이다"라는 메시지가 마음에서 울려온다. "그래! 오늘도 열심히 정성스럽게 즐겁게 살자!" 한 시간여를 앉았다가 일어나 차탕관에 물을 끓인다. 차 물이 끓을 동안 불전에 일주 향을 올리고 죽비로 3배 예불을 올린다.

아라항 삼마 삼붓토 바가와   모든 번뇌로부터 떠나
                                스스로 정각을 이룬
붓땅 바가완땅 아비와 데미   존귀하신 붓다 앞에 머리
                                숙여 절하나이다.

스왁카또 바가와따 담모   존귀하신 분에 의해서 잘
                                설해진 진리
담망 나맛싸미   그 담마 앞에 머리 숙여 절
                                하나이다..

수빠띠 빤노 바가와또 사와까 상코   존귀하신 분에 의해서 잘
                                수행된 제자들
상캉 나마미   그 상가 앞에 머리 숙여
                                절하나이다

가사를 벗어서 간짓대에 걸쳐놓고, 조용히 앉아서 치즈 조각을 입안에 넣고 우물거려 삼킨다. 내 체질이 차를 많이 마시면 속이 쓰리기 때문이다. 그러나 차향과 깔끔한 입맛에 맹물 보다는 차를 마시는 것이 버릇이 들어 있다. 좋은 것이라고 생각하며 즐긴다. 나는 차를 전공한 사람은 아니지만 늘 차와 함께 산다. 또 나그네 들에게도 차를 권한다. 딱히 정해진 차는 없고 여러 가지 차를 생기는대로 마실 뿐 특히 구해서 마시는 경우는 어쩌다 있을 뿐이다.

오늘 새벽은 짜이 한잔에 자스민 차로 입가심 할 요량으로 준비를 한다. 지난봄 쌍계사 입구 차문화 체험장 앞에서 국제 차 전시를 할 때 인도관을 보다가, 우유를 끓일 때 넣는 특유의 향신료를 한병 구해둔 것이 반년이나 짜이를 마시게 된 계기가 되었다.

나는 짜이를 마실 때 마다, 몇 해 전 남인도와 스리랑카를 신도들과 함께 여행할 때 바라나시에서 새벽 겐지스강의 일출을 보고, 카트의 배를 타고 건너편 모래사장에 가서 항하사 모래를 담아온 것을 생각한다. 그때 길가에서 진흙으로 빚은 찻잔에 전해지던 따끈한 촉감하며 일행이 함께 마시던 차 맛은 일품이었다. 그 맛 그대로는 아니지만 비슷한 짜이를 마시고 자스민 차로 입가심을 했다. 조용한 산중에서 부처님과 둘이 마시는 차는 묵연한 가운데 이루어 진다. "스님 노릇 이 맛으로 하는 것 아닌가?" 혼자 자문해 보면서 차를 마셨다.

요즈음은 계절이 계절인 만큼 저절로 사색이 깊어진다. 살아온 날들과 살아갈 날들, 그리고 현재의 삶을 저절로 점검해보게 되는 것이다. 일단은 그냥 되는대로 사는 것보다 대충 윤곽을 정해서 방향성을 가지고 살아야, 나를 위해서나 또 나를 찾아오는 나그네 들에게도 유익할 것이기 때문이다.

첫째는, 밝게 살아야겠다는 것이다.
결코 내가 밝아서가 아니다. 모든 존재가 밝음을 지향하고 삶이 그곳에서 빛나기 때문이다.

둘째는, 다른 사람의 도를 경청하는 것이다.
사람은 누구나 저마다의 생각이 있으므로 그 중에 배울 것이 있는가 살필 것이다.

셋째는, 의식주는 인연을 따라 하는 것이다.
시주에 의존하고 법으로 대신할 뿐, 어려우면 어려운 대로 수월하면 수월한 대로 살 것이다. 어려우면 가난한 사람들을 생각하면서 빈한에 발도심 하고, 좀 넉넉해지면 착한 부자들처럼 무소유 정신으로 이웃과 나누고, 이도 저도 아니면 이도 저도 아니게 살 것이다. 나는 하루하루 태국에서 새벽마다 발우를 들고 탁발 나갈 때를 생각한다.

넷째는, 깨어있는 정신으로 부지런히 살 것이다.
부처님 유훈을 따라 이미 설한 중도를 따라 살지언정 새삼스런 깨달음이나 공 도리는 남용하지 않을 것이다.

다섯째, 걷는 일을 습관화 할 것이다.
무엇보다 건강이 중요하기 때문이다.

이상이면 족하지 더 정할 것이 없다. 정치 경제 사회 문화 미래 세계와 같은 거대담론은 전문가들이 너무 많이 계시니 그분들께 맡기고. 나는 내 분수에 맞는 토굴 스님에 적합한 삶을 살아 나의 배역에 충실히 하면서, 사람들이 대수롭게 여기지 않는 것들 속에서 큰 기쁨을 누리려고 노력한다.

이 삼일 전에는 병원에 있는 지인을 찾아가서 병문안을 했다. 밖에서 보면 조용한 병원이 안에는 복잡했다. 겉으로 멀쩡한 사람이 속사정을 들어보니 온갖 세상걱정 다 안고 있는 것처럼 병원은 무겁고 그늘졌다. 도반들의 위로금을 전하고, 병자를 붙들고 한참을 웃고 놀다가 "간다!" 하고 나서는 데도 뒤가 돌아 보였다. 벌써 2년여 병원생활, 본인의 고통과 주변인들의 근심, 그 경비, '죽지 못해 산다'는 말이나 '버는 것은 집안에 우환이 없는 것이다.' 라는 말들이 스쳐간다. 내가 아무것도 도와줄 수 없는 터라 자기 부족을 느끼면서… 단지 신불에게 부탁해 본다. 내가 힘이 있을 때는 자력으로, 내가 힘이 부족할 때는 타력으로 그렇게 문제 해결을 모색해 가는 것이 인생이려니 해보았다.

산숲은 낮빛을 달리하며 갈색으로 노랑으로 빨갛게 물들어간다. 들판엔 영근 결실이 뿌듯하고 야산의 여기 저기엔 벌초를 말끔히 한 산소들이 새롭다. 마음을 단정히 하고 정성으로 조상께 제사 지내고, 가족이 모여 서로 의지해서 사는 모습은, 세상이 고해라 해도 그나마 세간의 행복이고 기쁨 아닌가 싶다. 조상에게 잘하는 분들에게 복이 있기를……

한편 명절에 놀지도 못하고 열심히 일하는 분들이 계시는가 하면, 이도 저도 아닌 그늘을 실감하며 고민하는 사람이 있고, 거리노숙 생활을 하면서 삶을 스스로 어쩌지 못하는 분들, 철도 없이 나대는 아이들, 방탕한 어른들 범죄가 넘쳐나는 세상의 요지경 속에서 사람들은 다양하게 뒤섞여 살아간다. 모든 이들이 '인생의 행불행은 마음 먹기에 따라 많이 좌우 된다'는 점을 좀 생각해 주었으면 좋겠다.

지금 내 도량엔 한 시절 넓은 잎을 드리워 태양의 열기를 식혀주었고, 무거운 먹구름 소나기 몰려올 때 후두둑 미리 알려주던 파초가, 조석으로 떨면서 얼굴이 창백해간다. 언젠가 헤어질 파초의 둥치를 만져 보니 아랫 마을 신도님 집에 사띠가 눈에 밟힌다.

어린 강아지로 와서 함께한 세월이 17년이다. 노견이 되어서 귀도 들리지 않고 눈도 잘 보이지 않고, 총기 있던 머리도 산만하여 식구도 잘 모르고 어름하지만, 점심때 내려가면 안아주고 함께한 인연에 감사한다. 부디 곱게 편하게 가기를 빌어보지만 마음이 쓰린다. 슬프고도 짠한 계절의 산모퉁이를 돌아가면서 별리의 아픔과 새로운 만남을 기대해본다

한적한 산중엔 정든 가지를 떠나는 낙엽 소리만 적요(寂寥)하다.

2017년 10월 1일
지리산 연암난야에서
도 현 합장

단월 제23신 (겨울)

또 꿈을 꾼다

여명이 밝아오고 새로운 해가 뜬다. 저 멀리 보이는 산 능선이
시원스럽다. 10년여를 자라면서 앞산을 가리던 나무들을 며칠 전
동네 사람들과 정리를 했다. 도랑치고 가재 잡는다고 그 덕에
겨울 땔나무도 넉넉히 챙기게 되었다. 기분이 좋아서, 기분이 참
좋아서 좋아라 했더니 일해준 보살 처사들도 웃으며 가벼운
마음으로 내려갔다,

여름이면 무성해서 좀 답답한 감이 있었지만 게으름 탓으로
그냥 새 둥지처럼 아늑해서 좋다고 하면서 미루어 오던 일이다.
미시적으로는 안온하다 했지만 거시적으로는 답답한 것이 사실
이었다. 가끔 찾아오는 나그네들도 은연중 그런 감이 있었지만
토굴 주인을 생각해서 내색을 하지 않았던 일이라, 사실 이번에

큰 일을 한 셈이다. 나는 대작불사를 했다고 말했다.

또 꿈을 꾼다고 해놓고 이 나이에 무슨 꿈을 꿀까... 참 인생이란 한바탕 꿈이라고 했던가… 장자의 호접몽처럼 꿈 속에서 나비가 되어 훨훨 날아다니던 장자가 꿈을 깨고서 말하길, "꿈속의 나비가 나인가, 꿈 이야기를 하는 내가 나인가." 그 참 누가 장자일꼬! 세계란 너무나 신비해서 단정적으로 어떤 답을 한다 해도 그 또한 몽중사가 아닐까. 인생사란 참말로 알래야 알 수 없고 모를래야 모를 수 없는 묘한 것이다.

꿈 이야기가 나와서 말인데, 1972년도에 나는 속리산 법주사 전문 강원에서 공부를 하고 있었다. 그때 강주스님께서 조회 시간에 하시던 말씀이 지금도 선연하게 생각이 난다. 이야기 중에 '잠, 꿈' 이야기가 있어서 그럴 것이다.

간단한 말씀의 주제는 "도인은 잠을 잘 자야 도인이다" 였는데 단 조건이 있었다. 첫째, 몸부림 치지 말고 잘 자야 한다. 둘째, 이빨 갈거나 헛소리 하지 말고 자야 한다. 셋째, 꿈꾸지 말고 자야 한다. 신업이 쉬어지면 몸부림이 없어지고, 구업이 쉬어지면 이빨갈고 헛소리가 없어지고, 의업이 쉬어지면 꿈이 없다는 것이다. 그래야 도인이라는 말씀이었다.

지금 가만히 돌이켜보면, 신업과 구업은 조금 쉬어졌는데 의업은 쉬지를 못해서 가끔 꿈을 꿀 때가 있다. 팔 베개를 잘못해서 잘 때 팔이 저린 꿈, 오줌참고 자다가 오줌 누는 꿈, 스님들 하고 앉아 좌선 하는 꿈, 얼토 당토 않는 꿈 등을 꾸는 걸 보면 아직 도인 되기는 한참 모자라는 것 같다. 그러나 그닥 후회는 없다.

근래에는 눈뜨고 꾸는 꿈이 하나 더 있다. 공자님 말씀 중에 나이 칠십에는 '종심소욕불유구'라고 마음 내키는 대로 해도 법도에 어긋나지 않는다는 수양의 경지가 나에게 희망사항(꿈)이다. 출처는 논어에 "공자께서 말씀하셨다. 나는 열다섯 살에 학문에 뜻을 두었고, 서른 살에 자립하였으며, 마흔 살에는 미혹되지 않았고, 쉰 살에는 천명이 무엇인지를 알았으며, 예순 살이 되어서는 귀가 뚫려 한번 들으면 그 이치를 알았고, 일흔 살에는 마음속으로 하고 싶은 대로 해도 법도에서 벗어나지 않았다."라고, 한 것이다.
공자가 나이 칠십에 이르렀다는 경지를 납자가 그 나이가 되고 보니, 공자님이 도달한 경지가 나에겐 아득해서 또 꿈을 가져본다는 말이다. 참으로 훌륭하신 어른이 아닌가! 우리 부처님 옆 동네에 이런 어른이 살고 있다는 것은 다행한 일이다.

전후 불문하고 벌써 한 해가 기우는 세모다. 쓸쓸한 감회와 미래에 대한 일말의 불안감 그리고 희망이 교차하는 시점에서 돌아보니, 다른 사람은 모르겠고 나는 100점 만점에 70점

인생은 산 것 같다. 별로 좋은 점수는 아니라고 생각할지 모르지만 납승은 숫자보다 7이라는 숫자가 함축하고 있는 뜻 럭키 세븐을 좋아한다. 그래서 70살을 기다렸다,

우리 아버지는 마흔에 돌아가셨고 어머닌 일흔 여섯에 돌아가셨다. 나는 앞으로 얼마를 더 살지는 모르지만… 일단 여기까지 살아온 데 대하여 어릴 적부터 오늘에 이르도록 나를 거두어준 신도님들께 진심으로 감사한다. 내가 잘살거나 못살거나 그저 묵묵히 보아주시는 부처님께는 더 큰 고마움으로 두 손 모은다. 은혜로운 분들이다. 또 하나의 꿈이 있다면, 이분들과 영원토록 즐겁게 의지하며 편안히 사는 일이다. 인연이 다 할 때까지….그리고 모든 분들이 다 건강하시고 여의하기를 꿈으로 희망으로 바램으로 늘 가슴에 간직한다.

이제 한동안 적조했던 단월 가족 분들과도 약간의 안부 겸 내 삶의 근황을 이야기 해보자면, 5년전 토굴을 불태워먹고, 선재회를 해체하고, 새로 토굴을 짓고, 단월이라는 이름으로 회신을 보내면서 살아 온지도 이번이 23회니 회신을 한번 더 보내는 4월이면 만 6년이 된다. 선재회를 그만하기로 하고 어찌 살꼬 걱정이 되었지만… 내가 믿는 데는 부처님 뿐이라 어떻게 되겠지… 하면서 지금까지 살아온 것을 보면, 죽어라는 법은 없구나 하는 믿음이 더욱 확고해진다.

내가 일반의 절처럼 격 있는 절을 지어 재나 불공 기도를 하면서 전통적인 우리 방편 불교로 갔더라면 사는 일 무슨 걱정을 할까마는, 별시럽게 위빠사나 한다고, 의식불교 보다는 수행하는 불교 해야 된다고 하면서 오다 보니, 신도님들이 아무것도 안 해주는 스님한테 무슨 명분으로 시주를 갔다 줄 것인가. 더군다나, 스님이 된 자체만으로 조건 없이 보시해서 스님들이 수행하고 공부해서 바른 불교 전해야 된다는 말 어떤 신도가 그리 귀담아 들을 것인가. 참 꿈도 야무진 꿈을 살아오면서, 그래도 한국 신도 분들이 의식 있고 뜻있는 불자들이 있어서, 아무것도 주는 것 하는 것 없는 스님도 산중에서 존재감을 갖도록 해주니, 지금 이만치라도 토굴에 살면서 "스님이 이렇게도 지날 수 있구나!" 하는 느낌표 하나 주는 것으로 내 소임을 다하고 있다.

매월 단월 분들이 보내주시는 약간의 성금과, 어쩌다 날 청해서 토굴 양식 값을 챙겨주는 은근한 도반 두어 분, 일년에 몇 차례 얼굴보고 마주 손잡고 날 챙겨주시는 신도님과 거사님 몇 분, 그리고 지나가는 나그네들의 성의 있는 보시가 내가 살아가는 토굴 살림의 재원이 확보되는 곳이다. 살림 규모야 남지도 모자라지도 않는 현상 유지다.

부처님 법에 출가승은 하루 하루 탁발해서 출가 공동체에 자기의 양식을 내어놓고 사는 것이다. 그래서 내일 먹을 양식을 저장해 두지 말라고 했다. 그야말로 철저히 존재하는 삶이지 소유하는 삶이 아니다. 불교가 중국을 거쳐 한국으로 들어 오면서 기후 풍토가 다르고 믿음의 정도가 달라서 양식을 보관해두고 먹고 살게 되었지만, 불교의 근본 정신은 잊으면 안 된다.

시대는 바야흐로 자본주의 세상이 되어서 스님들도 간혹 이런 말을 한다. "자본주의 세상에서 스님들도 나중을 생각해서 준비를 좀 해두어야 한다"고. 맞는 말이다. 그러나 모든 출가자가 다 그렇게 준비해두고 안전지대에서 인격수양 하고 도 닦는 이야기 한다면, 이건 절박하게 살아가는 세상사람들에게 미안한 일 아닌가?

나는 하루살이는 아니지만 한달살이다. 그렇게 오늘까지 살아왔다. 때론 미래에 대한 불안감이 스쳐가기도 하지만 모든걸 인연에 맡기고, 나중에 민폐를 끼치게 된다면 천화할 생각이다. 붓다 재세시에는 수많은 수행자들이 숲 속에서 병들어 죽어지면 짐승의 밥이 되고 그렇게 산화해갔다. 수 없는 생을 반복하면서 그렇게 사라져간 붓다의 제자들을 보면, 오늘 나는 너무나 귀족적인 수행생활을 하느라 죄송하다.

어쨌거나 생명을 부지하고 있는 한 우리는 열심히 숨 쉬어야 하고, 뭔가 몸을 움직여야 하고, 깨어있는 정신으로 살아야 한다는 것은 자명한 사실이다. 우리가 서로 인연을 함께한다는 것은 서로 소통하며 격려하고 함께 기쁨을 나누는 일일 것이다.

　이즈음에 삶의 주제는, 대충 송구영신 묵은 해를 보내고 새해를 계획하면서, 박복하게 행동한 것은 훨 훨 털어버리고 복될 일을 생각하면서 서로 축복해 주는 일 아니겠는가, 가까운 곳에서 먼 곳으로…

　남은 며칠, 앞산 능선을 드러나게 하느라 획득한 대나무 장대로 토굴 오른쪽 담장의 허술한 부분을 갈무리 하면서, 정유년 닭띠 해를 보내고 무술년 개띠 해를 맞아야겠다.

바람 불고 춥던 며칠이 포근하고 따숩게 변하는 오늘이다.

청명한 하늘이 좋다…

2018년 1월 1일
지리산 연암난야에서
도현 합장

봄이 오는 산중에서

오후에 슬며시 나선 길이 섬진강변을 드라이브 하는 산보가 되고, 반이나 피고 있는 매화를 보면서 그 향기를 맡다 보니 작년 이맘때가 어제 같이 생각난다. 유수보다 빠른 세월… 많은 것들이 변하고 있다. 인생의 한 생애란 이렇게 흘러가나 보다 생각하면서, 하동에서 국수를 저녁으로 먹고 토굴로 올라오니 산그늘이 스쳐가고 서서히 어둠이 내린다.

또 밤이 지나고 새벽이 되었다. 창틀아래 조그만 연못에 개구리 울음소리 간간히 들리더니 추녀 끝에 낙숫물 소리가 더한다. 차분한 봄비… 날이 새려면 아직 멀었다. 고즈넉하기만 한 산거에서 동서남북을 둘러봐도 인적이 없다.

홀로 와서 홀로 가는 인생의 여정에서 홀로가 외로워 짝을 이루고, 자식을 낳아서 가족을 이루고, 온갖 풍상을 겪으면서 끈끈한 애정으로 서로 보듬어 주며 살아가는 인정의 순환 속에서, 나는 홀로 떨어져 이렇게 살고 있지만 가족 대신에 믿음을 보듬고 자고 샌다. 하고 많은 삶의 유형 속에 출가의 삶은 어떤 의미가 있을까 ?

40년도 더 지난 옛날에, 인천 주안의 기린산 위의 용화사 법보선원에서 전강 노사를 모시며 꼬박 1년을 시봉하며 지난적이 있다. 기억에는 1972년 겨울에서 73년 겨울까지였다. 65년에 범어사에서 동산 노사에게 사미계를 받은지 7년차였다. 해운대의 어느절에서 출퇴근하며 방위 근무를 하면서 군역을 치르고 있었다.

그 즈음 예의 그 절에 용담이란 한 객승이 여러 날 머물다 가면서 나에게 한말, "어이 젊은 수좌, 제대하면 극락암 경봉스님 회상이나 용화사 전강스님 계시는 곳에 가서 큰스님 모시고 중노릇 좀 배우소" 한 것이 인연이 되어서 큰스님을 직접 시봉을 하며 모시게 되었는데, 그때 들은 말씀 중에 3가지가 지금도 생각난다.

첫째는, 중은 세상 사람들이 할 수 없는 것을 해야 한다. 의식주 삼근사를 해결하기 위해서 중노릇 하는 것이 아니다. 중은 인생이 어디서 와서 어디로 가는지 생사 문제와 자기가 무엇인지 인생의 근원적인 물음을 되물으며 살아야 한다. 그런 의문들을 이 뭣고? 라는 한 의문으로 압축해서 가슴에 지니고 살며 자기 중심을 잡는 것이다.

둘째, 사람이 한세상 살다가 죽어지고 또 태어나기를

반복하면서 안되어 본 것이 없다. 남자도 되고 여자도 되고, 시집도 가고 장가를 가서 가족을 이루어 살아보기도 했고, 잘 살기도 못살기도 했을 것이다. 귀한 신분으로 다른 사람의 선망도 받았을 것이요, 천한 몸으로 괄시를 받으면서 살기도 했을 것이다. 그러니 실없이 세상에 대한 호기심으로 망상 피우지 말고 이번 생(生)에는 스님으로 만 착실히 살거라.

셋째는, 한평생 중노릇 하다가 나이 들어 오갈 때 없거들랑, 봄날 걸망 지고 가다가 따뜻한 논두렁 밑에서 이 뭣고? 화두 하나 꼭 안고 죽어라! 다른 사람들 중이 객사했다 하겠지만 나는 그 스님 참 스님 노릇 잘 하고 갔다 하리라!

지금 가만히 되돌아 생각해 보면 큰스님께서 참으로 중으로서 결연한 의지를 갖도록 해 주신 말씀이다.

왜 나는 이 좋은 시절에 이런 이야기를 하고 있는가 달리 할 말도 많을 텐데… 아마도 나이 탓인가 싶다. 평소에 그다지 나이를 의식하고 살지는 않지만, 그래도 나이는 나인가 70 줄에 들어서니 과거와 현재와 미래를 자연히 회상하고, 현재를 살피면서 미래를 유추해 보게 되나 보다. 다행히 정신이 온전함으로….

내 주변에 30, 40대에서부터 인연을 함께 해 온 분들이 수십 명 계신데, 모두다 비슷한 연배고 80 넘어 90에 가까운 분들도 계셔서, 이 참에 말귀 알아 들을 때 한 말씀 드리는 것도 건설적인 얘기가 아닐까 싶어 몇 자 피력해 본다. 물론 이런 말 해도 여기가 어딘고 하실 분도 있다.

지금까지 살아오면서 친숙하게 익힌 것을 더욱 더 열심히 다잡아 하는 일이 가장 중요 하니, 이것밖에 나를 이끌어줄 보배가 없으니 더 소중히 지녀야겠다 하고, 무시로 하던 염불, 참선, 위빠사나, 주력, 당신이 하시던 친숙한 공부 수행을 놓치 마시라는 것이다. 이것이 내 부탁 말씀이 되겠다.

 그렇게 하는데도 정신이 몽롱한 때를 당한다면, 그때는 주변 인연에 맡기고 정신이 온전한 동안은 분명히 챙겨놓아야, 언제 이 몸 버리고 나서 육근의 장애가 사라지면 그때 그 공부가, 수행이, 익힌 업이 그대로 내 앞에 드러나 나를 인도할 것이기 때문이다. 그러한 신념을 가지고 한 평생 공부한 갈무리를 잘 하는 일이 지금 중요 하다는 것이다

 천만번 말해도 국솥에 드나드는 국자처럼 절에 다니신 이는 내 말의 뜻을 모를 것이요, 혀와 같이 다닌 이는 단박에 내 말뜻을 알아 차렸을 것이다.

 노년의 삶이란 건강이 중요하니 즐거운 일을 가까이 하면서 유쾌하게 지내면 그나마 조금은 몸에 이로우니, 그 위에 노는 입에 염불한다고 꼭 공부를 챙기시라는 말이다.

 태국의 고승 마하부와 (큰 연꽃) 스님은

 와도 기뻐할 것이 없고
 간다고 슬퍼할 것도 없다.
 세상에 있는 모든 것

모두다 잠깐인 것을
생겨나 잠시 있다 사라지는 것…

이라고 노래했다.

　나는 가진 것도 없거니와 그나마도 정리 정돈을 잘하고
「일의(一衣) 일발(一鉢)로 절인정(切人情) 하고
기포(飢飽)에 무심도자고(無心道自高) 라는 초발심의 가르침과
소욕지족(少欲知足)의 가르침」 -- 「옷 한 벌 발우 하나로 인정에
메이지 않고 배부르고 고픈데 무심하면 도는 절로 높아 진다는
적은 욕심으로 사는 삶」 에 근접하려는 노력을 하면서, 온전하게
즐기며 살고 여타의 일은 인연에 맡겨야지 하면서 산다.

　날이 밝을수록 비는 더 쏟아지고 뭔가 무성한 꽃과 잎들이
"비만 그쳐라!" 하고 출발 신호를 기다리는 산중의 조짐이 보인다.
유난히 추웠던 지난겨울 물이 얼어 20여 일 물이 안 나온 것은
여기 깃들어 살면서 처음 겪는 일이었다. 토굴 주위의 차나무들도
동해를 입어서 잎이 갈색으로 말랐다.

　마당 가장 자리의 매화 나무는 아무렇지도 않게 꽃봉오리를
맺고 있는데 올해는 향이 더 진할 것 같다.

(黃檗) 황벽 스님 시에

迥脫塵勞事非常	형탈진로사비상
緊把繩頭做一場	긴파승두주일장
不是一番寒徹骨	불시일번한철골
爭得梅花撲鼻香	쟁득매화박비향

번뇌를 벗어나는 일이 예삿일이 아니니
고삐를 단단히 잡고 한바탕 공부할 지어다.
추위가 한 번 뼛속 깊이 사무치지 않으면
어찌 코를 찌르는 매화향기 맡을 수 있으리... 라고 하듯,

세상 사는 일이고 공부고 수행이고 어려운 고비를 한번 거쳐야
소득이 있다는 것이다.
우리 단월님들은 모두다 오래 사시면서 산전 수전 다 겪은
분들이라 이런 말 할 것도 없지마는, 나이 들면 앉아 게으름 누워
게으름 이런 생각 저런 생각 혼미하기가 쉬우니, 나부터라도
가일층 정신을 차리고 허리를 고추 세워 하던 공부에 채찍을
더하자는 뜻에서 하는 말이니, 스님이 잔소리 한다 마시기 바란다.

노인네 건강은 환절기가 힘이 든다 하니, 아무쪼록 몸을
추스르고 마음을 다잡아 이 봄 멋지게 지내면서 태평가를 불러
보시면 좋겠다. 써둔 회신을 두었다가 다시 살펴서 정리하니

오늘도 하루가 간다. 비에 불어난 계곡 물이 봄이 온다고 큰소리치며 바다로 달려가는 산중의 오후다.

2018 년 4 월 1일

지리산 연암난야에서 도현 합장

추신 (단월 가족 여러분)

잠깐 사이 겨울이 가고 봄이 왔습니다.
가족들은 다 건강하시고 집안은 여의 하신지요?

석 달에 한 번씩 회신을 쓰다 보니 일년이 순식간에 지나갑니다. 이번이 24신이니 4곱하기 6이 24라 단월 시작한지도 만 6년 입니다. 부처님은 육년고행(六年苦行)해서 성불한 세월에 우리는 나이만 먹었나 하는 생각이 듭니다.

 처음 선재회를 시작하고 30년이 넘는 먼 기간이 지났지만, 아직도 나를 믿고 마음으로 후원해 주시는 여러분의 원력으로 납승은 여기서 이렇게 초심을 견지하면서 본 분사에 전념할 수가 있습니다. 진심 어린 마음으로 여러분의 정성에 두 손 모아 절합니다. 늘 건강하시고 인연이 닿는 데로 만나기도 합시다.

 길은 멀어도 마음만은 나의 기도 속에 여러분이 늘 스쳐갑니다. 편안한 마음으로 지내시기 바랍니다.

만남 그리고 이별

새벽의 산중에 옅은 운무가 서려 산을 더욱 신비롭게 한다. 새소리 남남 한데 공기는 시원해서 초가을인가 싶다. 지금은 6월 하순 내일부터는 장마가 온다고 한다. 어제는 30년 도반들, 단월 30여명이 모여 6년 만에 야단 법석을 열었다

토굴 중은 오랜만에 만난 도반들 앞에서 무슨 할 말이 그리 많은지 120분 동안 쉼 없이 설변을 토했다. 공자님 앞에서 문자 쓰듯 했건만 다 아는 이야기를 더러 웃으면서 들어 주었다. 밤이 지나고 지칠 법도 하건만 아침이 가뿐한 것은 즐거운 마음으로 말해서 그런 것 같다. 고마운 일이다

이번에 오셔서 함께 얼굴을 마주하고 담소하고 지내다 보니, 6년 만의 만남이지만 엊그제 만났던 것처럼 시간과 공간의 의미가 사라져 버렸다. 아마 모두 오랜 도반이라 그랬던 것 같다.

불편한 몸도 불사하고 적극적으로 참석해 주시고, 공사 다망한 가운데도 우선적으로 우리 만남을 소중히 해주신 모든 단월 가족 분들께 진심으로 감사 드리고, 이런 만남이 있도록 수고하신 보리행 보살님께도 감사 드린다.

오가는 길에 거마비도 많이 소용되었는데 아낌없이 보시해 주시고, 맛난 과일을 시식하도록 배려해 주신 님들께도 은근한 미소를 보냅니다.

특히 누구보다 먼저 오시려고 했다가 못 오시고, 불편한 몸으로 오기 어려워도 마음으로 시종 참여 해주신 단월 가족 여러분께도 함께 고마운 마음을 둡니다.

몇몇 참석하지 못한 분들을 위해서 모임 뒷이야기를 약간 해드렸고, 이제 2달 전쯤 입적하신 우리 도반 '**탄산 거사님에 대한 회상**'을 하면서 49재날 썼던 추모의 글로 이번 회신을 대신 할까 합니다.

찬탄삼보하옵고

탄산 거사님

그는 고아원에서 성장했다. 성장 과정에서 살기가 힘들어 거리에 쓰러진 적도 있었다. 가까스로 군대에 가서 운전을 배웠다. 제대 후 큰 차의 조수 생활을 하다가 영업용 택시를 몰게 되었다.

나는 어려서 절에 와서 중이 되어 먹고 사는 중노릇을 했다. 군역을 마치고 선방을 거쳐 강원에 가서 이력을 마치고 다시 선방에 다니면서 가끔 은사스님의 일을 조금씩 돕던 때가 있었다.

하루는 은사스님이 하시던 의과대 학생 지도법사를 물러 받아 법회 장소를 물색하느라 부산의 어느 절로 가는데, 그의 택시를 타게 되었다.

우리의 첫 만남은 그렇게 해서 이루어졌다.

차 안에서 서로 대화를 하는데, 그가 택시운전을 하기 전에 살아남으려고 온갖 일을 다하면서 지내는 중에, 한때는 산에서 기도하는 사람들의 제사 음식을 날라주는 일을 하면서 연명을 하기도 했다고 했다.

그러는 중에 접신이 될뻔한 조짐이 있어 '아 이래선 안되겠구나' 하고 나름 팔양경과 고왕경을 읽어 왔다고 했다.

글자를 몰라 녹음 테이프와 책을 사다 놓고 새벽마다 기도 드리면서 한글을 터득해 가고 있다고 했다. 그래도 되느냐고 하길래 참으로 잘 한다고 해주었다.

그는 내가 마음에 들었는지 스님한테 뭘 묻고 싶으면 어떻게 하면 되느냐고 했었다.

나는 "「무사찰 무조직 무주상」을 가지고 주는 불교를 하고 싶어서 보현행원 사상을 이념적 근거로 선재회라는 모임을 이제 막 시작했는데, 함께 동참하시면 내가 매월 회신을 보내니까 서로 인연을 지속할 수 있다" 했더니 아주 흔연한 마음으로 가입을 하면서 주소와 전화 번호를 적어 주었다.

모 의대 불교 학생회는 여름 겨울 두 차례 무의촌 의료봉사를 다녔는데, 내가 몇몇 회원에게 받은 회비와 선방에서 받은 해제비를 모아서 약값의 일부를 거들곤 했다.

그날 이후로 30년 동안 나와 탄산 거사의 인연은 지속되었었다. 그는 산동네 하꼬방 월세 집에서 아내와 어린 아들 딸, 네 식구뿐인 삶을 살면서 오직 성실성과 인내로서 자기 삶에 충실 했다. 한 가정의 가장 역할이 어떤 것인지 나는 그를 통해 배웠다. 20년 전 위암 수술로 위의 3분의2를 잘라내고 7일 만에 퇴원해서 운전대를 잡은 사람이다. 그러한 삶의 고난을 신심으로 견디며 위빠사나 수행을 하면서 개인택시, 아파트 입주, 아들 딸 시집 장가 보내고, 손 자녀 보고 소박한 서민의 삶을 다 성취하신 분이다.

택시 운전하면서 어떻게 그렇게 할 수 있었느냐고 하니까 자기는 돈 안 되는 쪽으로 하니까 돈이 되더라고 했다. 짐을 가지고 차를 잡으려고 하는 사람, 취객, 병원 가는 환자, 골목길 접근성이 어려운 곳에 사는 승객을 거절하는 일 없이 늘 태워

다녔다고 했다. 노름 안하고, 술 담배 안하고, 남보다 한 두 시간 더 노력하고 조금씩 자투리 돈을 모아서, 불서(佛書)를 사서, 말이 통하는 승객에게 보시하면서, 내생에는 면무식 해야겠다 하면서 산다고 했다.

어쩌다 쉬는 날이면 부산에서 여기까지 나를 찾아와서 나 먹으라고 콩가루와 불전에 보시금을 두고, 그간에 공부하다가 미진한 문제들을 탁마하고 가곤 했다. 그는 운전을 통해서 자기 삶에 성실한 예비 수행을 착실히 하면서 계정혜를 터득한 오늘날 보기 드문 재가불자였다. 특히 무아에 대한 견해가 확고하니 틀림없이 입류에 들었으리라 믿는다.

내가 이뻐하던 강아지 사띠와 이틀 상간에 가셨으니, 당신도 가끔 쓰다듬어 주던 녀석이라 혹여 보거들랑 상좌처럼 잘 거두어 주시기를 부탁 드린다.

탄산 거사님 오늘 당신의 49일을 맞아 평소처럼 차 한잔 나누며 지난 일을 돌아보니 크게 나무라지 마시기 바랍니다.

가족들에게 아무에게도 알리지 말고 너희끼리 초상을 치르고 49재도 지내지 말라고 했다 하니, 고인의 뜻에 따라 그렇게 했으니 그 아버지에 그 아내 아들 딸인가 합니다. 닷새 후, 5년 전에 써놓은 그 유서에 모든 일 마무리 되거들랑 보리행 보살님과 스님께 내가 갔다고 전하라고 해서 알린다 하니 참으로 고맙습니다.

지난 가을 나를 찾아와서 헤어져 갈 때 봄에 온다 하고 둘이 손을 흔든 것이 마지막 이었지만, 평생 중노릇했어도 그것이 다시 볼 수 없는 마지막 이별인 줄도 모른 바보 중이 뒤늦게 합장합니다. 늘 선열식을 잡수며 사신 한 생애 이시니 어디에서나 편히 머무소서~ 우리 사띠도 꼭 챙겨 주시고…

그리운 탄산 거사, 보고 싶은 사띠.

흐릿한 날씨에 비 조짐이 보이더니 추녀 끝에 낙숫물 소리가 정겹다. 옛말에 '인연취산(因緣聚散)금고여연(今古如然)'이라더니 인연이 있어 만났다가 인연이 다하면 헤어지는 것은 예나 이제나 변함이 없다. 그렇지만 역시 헤어짐은 서운하고 만나면 반가운 것이 인지상정 인가 보다.

탄산 거사 그리고 사띠를 영영 이별한 것은 슬프지만 오랜 도반을 만난 것은 반가웠다. 그렇게 세월은 가는 거겠지…

단월가족 여러분들 오래 사시고 멋지고 건강하고 행복하시기를…

온 숲에 내리는 비가 푸르름을 더해주는 맑고 넉넉한 오후다.

2018년 7월 1일
지리산 연암난야에서
도현 합장

단월 제 26신 (가을)

가을산 맑은물 밝은달

산중에 비가 추적추적 내린다. 기온도 조금 떨어졌다. 시원하다기 보다는 춥다는 생각을 하면서 나뭇잎을 바라보니 갈색으로 변하고 있다. 이 비가 그치고 나면 삼베옷도 무명옷으로 갈아입어야 겠다.

오후부터는 날이 든다고 해서 문을 열고 살피니 저만치 보이는 산소가 말끔히 드러난다. 얼마 전 명절에 대비해서 아랫마을 사람이 벌초를 하고 가서 그렇다. 후손이 살아있다는 흔적을 남기고 간 것이다. 자손들에게 복이 있기를…

여름산의 얼굴은 초록 동색이고 오동통 하기만 했는데, 이제 골짜기의 윤곽이 드러나고 피부색에 감정이 드러나면서 가을산은 사색형 미인으로 바뀌고 있다. 남녀 누구나 중년은 넘어야 가을 산이라 생각하면서 내 얼굴을 보니, 머리가 하얗고 수염도 하얘서 겨울산 이지만 아직은 얼굴에 홍조가 남아있어 늦가을로 봐주고 싶다.

이번 회신은 추석이라 가족에 관해서 좀 언급을 하고, 가을의 계절감에서 저절로 감지하게 되는 자연이 우리에게 들려주는 무정법문을 일별해 보고 싶다. 출가한 스님들은 혈연의 가족을 떠나 법연의 가족을 의지해 한 생애를 살아간다. 불교도들은 출가승에게 둘도 없이 소중한 분들이다. 나에게 혈연의 가족은 남북 이산가족처럼 멀고 실재가족은 신도 분들이다.

절 집에 "중 명절 쉬듯 한다"는 말이 있다. 명절이라고 딱히 찾아오는 가족이 스님들에겐 그다지 없기 때문이다. 일반의 사찰에서는 절에다 제사를 위탁한 분들의 제를 스님들은 구성진 염불로 남의 제사를 지나면서 명절을 보낸다. 나는 그럴 일도 없어서 불전에 향초와 차를 올리고, 우리 스님 그리고 어머니와 아버지 할아버지와 할머니 내가 기억하는 증조모 먼저간 형님과 동생을 생각하며, 죽비 치고 앉아서 입정하고 법희선열을 함께 나눈다.

넉 달 전 이별한 사띠의 무덤에도 향과 초와 차를 올렸다. 인간의 정을 부처님의 다정한 불심으로 회향하는 것으로서 위안을 삼는다. 불편도 오래 겪다 보면 편안해지고 외로움도 오래 겪으면 자연스럽고 호젓한 기쁨이 된다.

그렇게 혈연의 가족과 법연의 가족이 있지만, 나의 금생에 혈연의 가족은 늘 멀리 있었다. 어릴 때 절에 온 때문이리라.

아무튼 그로 인해 나는 소박하고 호젓한 삶을 선택해서 적으나마 어려운 이웃과 나누면서 살았다. 돌아보니 나를 위해 챙겨둔 것이 없다. 공수래 공수거의 삶을 법연의 가족들에 의지해 살다 보니, 때에 따라 외국여행도 시켜주고 큰 어려움 없이 살아왔다. 그러다 보니 소욕지족(所欲知足) 불탐위보(不貪爲寶)란 명패를 마음에 새기고 붓다에 대한 믿음으로 토굴 살림살이를 태연하게 유지하고 있는 것이다.

혈연이던 법연이던 만났던 가족은 언젠가 이별해야만 한다는 자연의 섭리를 생각하면서, 한 분 두분 멀어져 가는 인연과 살아있어도 서로 몰라보는 인연을 겪기도 하고, 젊을 때 친했다 멀어진 인연이 나이 들어 다시 나타나기도 하는 만남을 그렇게 자연스럽게 따르면서, 세속의 인연이고 출가후의 인연이고 모든 분들이 잘되기를 바라면서 가족을 생각해본다.

내일 추석을 지나면 가을 산은 갈색으로 변하고 홍조를 띄면서 아름답게 변해갈 것이다. 낙엽이 떨어지면서 쓸쓸함을 더해주며 옆구리를 허전하게 하겠지만 그런 세월을 하도 겪어서 이제 무덤덤하다.

계곡물의 수온이 낮아지면 물속에 미생물이 줄어들고, 그로 인해 가을 물은 더욱 차고 맑아지고 그에 어리는 달빛은 얼마나 좋겠는가. 이런 계절에 가을을 주제로 한 수필이나 시 좋은 법문이 많을 수 밖에 없다. 나에게도 벽에 걸어둔 액자가 하나 있는데, 아마 가을 밤이 주제인가 싶다.

'금강경 오가해'의 야부도천(冶父道川) 스님의 송이다.

대 그림자 뜰을 쓸어도
먼지 하나 일지 않고
달이 물속을 뚫어도
물 위엔 흔적조차 없네.

　모든 일이 다 진행되지만 동요 없이 편안한 마음으로
살아가는 도인의 심경을 토로한 말씀이 아닌가 싶고, 또 역으로
편안한 마음으로 모든 일을 다하는 적극적인 자세가 이 게송에
있는 것 같다.
　가끔 계곡에 내려가서 흐르는 물에 발을 담그면 시원하기도
하지만 상상력을 확대해보면, 지구의 5대양 육대주 육대주의
해안선은 얼마나 길까… 그곳 어디에서 수영을 하던지
산골짜기에서 나처럼 발을 담그고 있는 누군가 있다면 나와 이
물길로 이어져 있다는 망상을 피면서, 세상에 서로 관련되어 있지
않는 존재가 없구나 하는 생각도 하게 된다.
　흐르는 물이 고정되어 있지 않듯이 이미 흘러가버린 물을
어디서 찾아 오겠는가. 지나간 일을 끌어와서 현재를 고민하는
사람들은 도대체 어떤 심경일까. 물에서 배우며 에둘러 생각할 줄
아는 센스가 우리에게 조금만 있어도, 우리를 일깨워주는
선지식(스승)은 우리주변 어디에나 있는 자연일 수도 있다. 물론
유정의 마음이 그렇게 쓰여야 하겠지만 말이다.

머잖아 계절은 마지막 화장을 화려하게 하고 낙엽 따라 갈 것이다. 우리 인생도 그럴 것이지 마는 사람들은 한치 앞을 모르고 천만년 살 줄로 생각한다. 곧 죽을 줄로 알고 하루하루 덤으로 산다 생각하면 날마다 소중한 날들일 텐데… 귀뚜라미 소리에 썰렁해진 가슴 허전한 마음으로 자연과 무정의 설법을 듣는다.

오랜 세월 단월가족에 의지해 산 나, 이번 한가위도 한과에, 잣, 과일에, 차, 송이, 불전까지 보태서 공양하시니 미안하고도 고맙다. 모두다 부처님의 덕분이라 생각하면서 지난 세월 나를 도와준 선재가족, 지금도 거두어 주는 단월가족, 우리 의신 마을 모든 분들, 그리고 나를 찾아주는 나그네, 알거나 모르는 무연한 모든 분들에게 감사하면서 붓다의 한량없는 복이 다 그분들께 회향되기를 바라본다.

시주의 은혜에 법구경 무상품의 말씀을 두어 보면서...

세상 모든 것은 덧없는 것들
흥하면 반드시 쇠하는 법
나는 것 그대로 죽음의 길
생사를 뛰어넘을 참 즐거움 찾자.

또 세월이 흘러 흘러 겨울이 오면 다시 뵙기로 하고, 이번 추석을 전후해서 그간의 적조했던 안부를 대신합니다.

몹시도 더웠던 여름 세찬 폭풍우에 씻기고 페인 마당을 웅덩이에 흘러내려 쌓인 토사로 보수 하면서 내 마음의 심지를 평탄하게 고르며 쉬어야겠다. 어쩌다 땔나무도 한 짐씩 하면서…

천고마비의 계절 가을산 맑은물 밝은달이 좋다.

귀뚜라미 소리도 빼지 말라고 해서 뀌뚤 뀌뚤 뀌뚤 해봅니다.

2018년 10월 1일
지리산 연암난야에서 도현 합장

나의 꿈 아란야 (阿蘭若)

아침부터 솜사탕 같은 새하얀 눈이 앙상한 나뭇가지를 맴돌아 숲을 포근히 감싸주며 편안하게 만들었다. 올 겨울에 처음으로 만나는 눈이다. 저녁 나절에는 기온이 풀리면서 눈이 다 녹았지만 '첫눈입니다'하고 신고를 하고 갔다. 이제 또 눈 오는 날이 가끔 있을 것이라 기대하면서 겨울의 문턱을 넘어 동절기에 한 발자국 더 들어선다.

밤중에는 세찬 바람이 불어 풍경을 정신 없이 뒤흔들더니 새벽에는 조용해 졌다. 내 토굴에서 어제와 오늘 새벽에 겪은 정황이다. 한적한 새벽에 일어나 불전에 차 한잔 올리고 나도 한잔 마시면서 이번 회신의 제목을 생각해 보다가, 나의 꿈 아란야라 해놓고 무엇을 써야 하나 생각해 본다.

이번 회신은 연말이고 시제가 시제인 만큼 제목에 맞게

회상적인 이야기를 좀 해야겠다. 주제는 내가 이 토굴에 살게 된 사연으로 하면 되겠고 소재는 떠오르는 데로 쓰면 될 것 같다.

아시는 바와 같이 내 토굴 이름은 「연암난야」이다. 연암과 난야의 합성어 이다. 연암은 의신 마을 어른들이 예부터 전해오는 절터 '연암터'라는 말에서 비롯되었고, 난야(蘭若)라는 말은 아란야(阿蘭若)의 줄인 말이다. 곧 적정처, 마을에서 적당히 떨어져 조용해서 공부하기 좋은 곳이란 뜻이다.

이런 곳에서 조용히 살면서 책도 읽고 참선도하며 자연친화적인 생활을 하며 사는 것이 젊은 시절의 나의 꿈 이었다.

돌이켜 보면 내가 이 5평, 사실 사용 공간은 3평인 이 토굴에서 살게 된 원인은 나의 은사이신 덕자 명자 스님의 영향이 제일 크다. 엊그제 12월14일 (음력 11월 8일) 이 스님의 15주기 기일 이었는데 차 한잔으로 차례를 올리면서 은사님께 감사 드렸다.

나의 스님은 10대에 출가하셔서 강원 선원을 다니시다가 20대 중 후반에 입이 돌아가는 아사풍이 와서 고생하셨다. 절 집의 대책 없음에 설움도 겪다가 신심단월의 돌봄에 힘입어 병을 고쳤다. 이후 '아! 스님 노릇도 자기 앞가림을 할 수 있도록 약간의 경제적 자립이 필요하구나' 하고는 30 이전에 주지를 하게 되셨다.

내가 나의 스님을 만나 사미승이 된 것은 은사님이 32살 내가 16살 때였다. 스님에게 습의와 염불을 익히고, 초발심자경문을 배우고, 치문을 배우다가 군역을 치르고 와서 비구계를 받고 선방으로 갔다. 그러다가 늦게 강원을 가서 이력을 마쳤다.

해제를 하면 스님 곁에서 절일을 거들며 지내다가 결제 때가 되면 또 선방으로 가곤 했는데, 어떤 때는 스님이 나를 선방으로 내쫓는 듯하여 서운한 적도 있었다. 그런 일련의 일들이 내가 참선을 하면서 혼자서 지낼 수 있는 기반이 되었다고 생각한다.

나는 행자 때부터 선객을 만나서 화두 참선을 하게 되었다. 그래서 중은 도를 통해서 신통을 부리는 것으로 알았다. 그래서 14살 행자 때 있던 절에서 나와 마을 동무들을 꼬셔서 지리산으로 도 닦으러 왔다가 실패한 적이 있다.

쌍계사를 찾아 온다는 게 산청 중산리를 가서 도솔암까지 갔다가, 빨치산이 있어 입산 통제 한다는 말을 듣고 되돌아 갔다. 계묘년 보리흉년 장마 속에 거리 노숙으로 걸식을 하며 마산까지 걸어가서 부산에 도착 했는데, 근 보름 죽을 고생을 했다.

한 토막 일화지만 이 사건이 내 토굴 생활에 큰 도움이 되고 있다. 그때를 회상하면 쓴웃음이 나오지만 그 고생 덕에 지금 내 생활은 부귀영화나 다름 없다고 생각하기 때문이다.

편하다.

따뜻한 물
쓰기도
불편하고

화장실
가기도
불편하고

군불
넣기도
불편하고

산길
오르내리기도
불편하다

그렇게
불편을
오래 사용 하다 보니

'불'자가
떨어져
버렸다.

그리고 또 하나는 전강 큰 스님을 시봉할 때, 중은 본분사를 챙기면서 일대사인연을 요달해야지 주지할 생각을 하지 말라는 말을 항상 들었고, 법정스님과 함께 살면서는 홀로 간결하고 멋지게 사는 삶에 매료된 바가 있었다. 몇 년 간의 태국 승려 생활을 통해서 수행 승들이 어떻게 사는 가를 보고 직접 경험한 것도 원인이 되었다고 생각되어 진다.

어언 내 나이 70, 이 회신이 단월 여러분의 손에 닿을 때 나는 71세가 된다. 가진 것 없는 나는 나이라도 더 가지게 되어서 좋다. 내가 이런 생각을 하게 된 것은 정신적으로 토굴에 사는 처세훈을 가지고 내 마음의 뜰을 가꿀 수 있었기 때문이다.

내가 주로 하는 생각은 '소욕지족'과 '현법낙주'다. 적은 욕심으로 만족하고 현재의 삶을 즐기는 것, 그렇게 하자면 사전에 준비를 해야 한다 생각하고, 미리 소욕지족 하기 위해서는 내가 세세생생 지녀야 할 참선 공부를 선택했고, 현법낙주 하기 위해서는 30년 동안 보현행원 사상을 이념적 근거로 소분이나마 주는 불교를 하려고 애써 왔다.

오늘 날 나는 아무 가진 것이 없다. 그러나 약간 태연할 수 있는 것은 눈먼 새가 세 마리 굶어 죽어도 중은 굶어 죽지

않는다는 말과, 열심히 살면 하늘사람이 도와준다는 말만 믿고
사는 덕이다.

굳이 이 토굴에서 오래 산 것은, 나의 은사님이 수행정진 하며
수좌로 사시는 것이 꿈 이였지만 젊을 때 병을 얻은 인연과,
속가의 친부와 백부를 절에서 모시고 살아야 했던 세속 연
때문에 그 꿈을 이루지 못한 것을 내가 대신 이루고 있는 것이라
생각하기 때문이다.

나의 은사님은 승가 대중을 거두는 역할을 한평생 잘 하시다
가신 분이다. 절을 관리하고 스님들을 거두며 신도들을 교화하는
주지의 역할이란 거시적인 보살의 역할이다. 나도 주지하는 도반
스님들이 토굴 산다고 더러는 거두어 주기 때문에 여기서 재
불공 안하고 살지 내가 무슨 재주가 있어 살겠는가. 외호해주는
스님들을 고맙게 생각하면서 정진하면 소득이 있으리라 생각된다.

대충 나의 꿈 아란야는 여차여차한 인연으로 이루어 졌지만 이
꿈을 유지 존속한다는 것도 현실적으로 녹녹하지 않다. 토굴 살이
그냥 사는 것 같지만 약간은 힘들 때도 있다.

그나저나 이 회신 받아 보시는 단월가족 여러분은 올 한 해를
어떻게 사셨는지….

평생 내 토굴 양식 대어주는 것은 고맙지만 당신들 살림살이는
잘 챙기시는 지 물어본다.

자나깨나 화두는 잘 들리는지, 앉으나서나 염불은 염념상속 되는지, 오나가나 들숨날숨을 잘 챙기며 깨어있는 정신으로 살고 계시는지…

그렇게만 해주신다면 내가 평생 얻어먹은 빚을 반분이라도 갚을 텐데, 그렇지 못하면 내가 단월들을 잘못 이끌어 준 것이라 내 죄가 더욱 무거워 지는 것이니, 여러 분들이 노년기에 공부 잘 챙겨서 나의 빚을 탕감해 주시기를 진심으로 바랍니다.

새해니 묵은 해니 젊은 사람들은 정리정돈 하면서 새롭게 희망차게 살아야겠지만, 인생의 황혼에 들어선 우리들은 서산에 지는 해와 같아서 이제 아름다운 마무리를 해야 할 때가 아닌가 생각됩니다.

건강관리 잘하시고, 정신을 건전하게 가지고, 근심걱정 없이 사시기를 바래보며, 여러분이 그렇게 사시면 나의 꿈 아란야도 근심걱정 없는 이상향이 되리라 믿어봅니다.

오후의 햇볕이 창호에 선하게 비치는 따뜻하고 맑은 나의 토굴 연암난야가 정토라 생각하면서, 단월가족 여러분이 여의하시길 염원합니다 지난 한해 신세 졌습니다.
새해에도 복 많이 받으세요.

2019년 1월 1일
지리산 연암난야에서
도현 합장

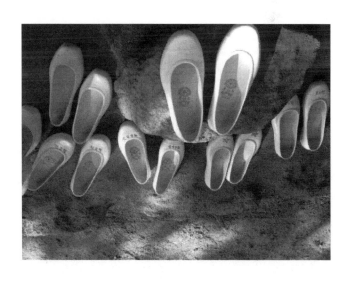

낙화유수 (落化流水)

밤사이 봄비가 차분히 내린다. 계곡의 물소리도 우렁차다.

지리산 높은 곳의 잔설도 녹아서 함께 내려오는지 요란스럽다. 계곡을 따라 화개동천을 이루어 흘러 흘러가는 섬진강은 남해바다로 간다. 나는 어디서 생겨나 지금 어디만치 흘러가고 있는지… 물은 아래로 흐르고 꽃은 위로 올라오는 계절감에 젖고 있다.

새벽에 일어나니 3시가 조금 못되었다.

마당의 웅덩이에 개구리 소리가 생명력을 북돋아준다. 모두가 살자고 야단이다. 나는 누운 몸을 일으켜 앉아 척량골을 세우고 잠깐 입정을 한다. 어제 밤 잘때 챙긴 붓토 붓토가 전면에 나타나 붓토 붓토 하는 알아차림을 이루고 숨은 쉬는지 마는지 편안하다.

한 시간쯤 앉았다 몸을 전후 좌우로 이완하면서 일어나, 불을 켜고 창문을 열고 신선한 공기를 마시며 뜰을 바라본다. 나무 아래 장명등이 매화 꽃을 환하게 비쳐주니, 무대의 배우처럼 매화나무의 자태가 곱다. 오랫동안 푸석하던 땅도 비에 흥건히 젖어 얌전히 가라앉아 차분해 졌다.

차관에 물을 화로에 올려놓고, 방안의 초전법륜상과 마루의 발우를 든 사미승에게 앉은뱅이 촛불을 켜두고 물이 끓기를 기다린다. 차관에 송풍이 일면 잠시 기다렸다가 차를 우려 부처님께 올리고, 향을 사르고, 방석 위에 꿇어 앉아 삼보에 대한 예를 드린다.

아라항 삼먁삼붓토 바가와
붓당 바가완땅 아비와데미,,

모든 번뇌로부터 떠나 스스로 정각을 이룬
존귀하신 붓다 앞에 머리 숙여 절 하나이다.

스왁카또 바가와또 담모
담망 나맛싸미

존귀하신 분에 의해서 매우 잘 설해진 진리
그 담마 앞에 머리 숙여 절 하나이다.

수빠띠빤노 바가와또 사와까상코
상캉 나마미

존귀하신 분에 의해서 잘 수행된 제자들
그 상가 앞에 머리 숙여 절 하나이다.

그렇게 삼정례를 하고 나서, 마루 복도로 방석을 들고나와 예의
발우를 들고 있는 사미 쪽을 향해서 천천히 108배를 한다.
방에서 절하기에는 굴신 하기에 좀 길이가 짧아서 이다. 그렇게
108배를 하면서 나와 인연 있는 분 들부터 무연한 분들까지
떠오르는 순서대로 그분들을 위해서 축원을 한다.
　누구는 건강하고, 누구는 취직이 되고, 누구는 상관으로부터의
시달림에서 편해지고, 누구는 결혼을 하고, 누구는 자녀를 두고,
누구네 집은 형제간에 화목하기를, 모두 원하는바 이루기를 등등
돌아가신 분들과 모든 이의 어머니 아버지로부터 형제 자매 원근
친척 유주무주 고혼들이 다 이고득락 하시도록 자비관을 한다.

　절이 끝나고 나면, 호흡조절을 하면서 인도 차 짜이를 한잔
끓여 마시고 하루의 일과를 생각해 보는데 벌써 28번째 단월
회신을 쓸 때가 되었다. 석 달에 한번 쓰는 글, 이왕 이렇게
되었으니 이번에는 요즈음 일상과 생활 주변의 사소한 이야기를
해야겠다.

한 달포 전부터 오른 쪽 어깨가 뻐근하게 아파서 침도 맞고 뜸도 뜨고, 양의를 찾아가 엑스레이도 찍고, 연골 주사도 맞고, 약도 먹고 하다 보니 많이 좋아졌지만, 옛날 어른들 말씀에 "나이 들어 할 일이 뭐요 하니까, 나이 들어 할 일이란 앓는 일이지요" 한다더니, 여기 고쳐 놓으면 저기 고장 나는 게 노년에 겪는 몸인가 보다 하면서 병을 벗삼아 지낸다.

엊그제는 호미를 들고 숲 속의 난초를 찾아 나섰다.
평소에 보아둔 곳이 있어서 가끔 찾아 가서 보지만, 이제 날이 풀려 도량에 옮겨 심어 두고 찾아오는 나그네 들과 함께 감상하면 좋을 것 같아 시작 했는데, 일이 잘 되려고 그런지 목석 분도 하나 발견해 가져와서 한 포기는 맨 땅에 한 포기는 분에 심었다. 소소한 기쁨이 난 꽃처럼 은근히 피어난다.

어제는 지팡이 감 산동백 일명 감태나무를 두 개 베어와서 짧고 긴 지팡이를 만들었다. 몇 해전 대상포진이 오른쪽 허벅지로 지나가면서 신경을 손상했는지, 오른 다리에 힘이 약해져서 산길 계단을 오르내릴 때 불편 했는데 지팡이 덕에 보행이 한결 수월하다.
지팡이 만드는 기술은 쌍계사 고산 방장스님이 프로 이신데, 만드는 것을 눈 여겨 보아둔 바가 있어 두어 차례 실패는 했으나, 이제 생나무를 불에 구워서 껍질 벗기는 노하우를 터득하고 보니 세수하다 코 만지기다. 아무튼 이러한 일들이 있어서 봄날이

재미있게 지나간다

　세상사 살다 보면 별것도 아닌 일로 고민하기도 하고, 어떤 사람은 별것도 아닌 일이 큰 일이기도 해서 각각 다른 삶을 살지마는, 크게 보면 마음먹기 달린 것 아닌가. 똑 같은 세상 지구촌에 태어나서 반은 주어진 대로 반은 자기 의지대로 살아가면서, 불평하기도 하고 만족해 하기도 하면서 울고 웃는 인생사… 누구를 원망하랴 다 자기할 탓인걸 …

　내사 어쩌다 중이 되어 산중에 살면서 중생제도는 언감생심 너나 잘해라 하고 살지만, 시주 밥이 무서워서 이런저런 붓다의 말씀 전한다고는 해도 부족한 것이 태산이라 불전에 무릎 꿇고 참회하는 일이 다반사다.

　세상에는 참 훌륭한 사람들이 많아서, 정치 경제 전문가와 과학문명을 다루는 사람들의 새로운 발명 덕에 얼마나 편리한 세상을 사는지 감사할 일들이 부지기수다. 그러나 옛날에 비하면 너무나 좋은 세상에 사는데도 사람들은 사는 것이 더 힘들다 하니, 가시적인 문명세계의 눈부심과 편리함만이 인간행복의 척도가 될 수는 없나 보다.

　문명은 발전했지만 사회 문화 일반에 인간정신은 오히려 퇴보했다고 보는 것이 세계의 지성들이 하는 말이다. 이 정신적인 영역에서 인간의 정의를 '고'로 규정하고, 세계관, 인생관, 수행관, 생활관을 분명히 제시한 분이 붓다 이신데, 현 시대는 탈 종교로 역행하고 있으니 인간들의 어리석음이 불평 불만 불안의 시대를 자초하는 것이 아닌가 생각해 보게 된다.

산중에 살면서 세간사를 바라보면 모두다 산다고 바쁘고 너나 없이 앞만 보고 간다. 그러다 어느 날 정년이 되면 아무 준비 없이 집을 나선 사람처럼 서성이게 된다. 굳이 종교가 아니더라도 평소에 여가를 만들어 자연친화적인 삶을 지향하면서 자연과 친숙해지면, 자연경관이 좋은 곳엔 사찰이 있다.

절에는 부처님이 계시고 스님이 있으니, 인연이 닿으면 "법(연기)을 보는 자 나를 본다"는 진리의 말씀도 만나게 되고 새로운 삶의 목표도 가질 수 있을 텐데, 감히 청하지는 못하나 그러시기를 은근히 바라본다.

한동안 보온하느라 덮어두었던 파초의 비닐도 벗겨주고 마당의 풀도 메고, 이일 저일 찾아 하면서 귀한 시간 짬 지게 보내야지 하면서 앞산을 바라보니, 송곳 끝 같았던 가지 끝이 무디어지고 잎눈이 피어 온 산에 수채화처럼 연두색 물감이 번져난다. 활력이 솟는다.

지금은 진달래가 한창이지만, 곧바로 화개에 벚꽃축제가 열리고 부산함이 지나가면 잠시 조용해지고 그사이 계곡의 반석 틈엔 철쭉이 핀다. 의신 동천은 인적이 없는 무주공산이요 그야말로 선경, 별유천지가 된다. 아는 사람만 아는 이 풍광을 난들 놓치리요, 다구를 챙겨 들고 물가 반석 편한 자리에서 차를 다려 향적여래(香積如來)께 공양할 참이다.

향적여래(香積如來)는 말없이 중생을 제도하는 부처님이시다. 누가 찾아가서 바라만 보고 있어도 부처님의 향기에 심신이 편안해 지는 것이다. 이 자연의 신선한 향기야 말로 향적여래의 체취가 아닌가…

맑은 자연을 접하고 우리의 심신이 편안하고 즐거워진다면, 좋은 선지식을 만나서 감화를 받는 것과 무엇이 다르겠는가. 그런 의미에서 자연을 의인화 하면 향적여래가 되는 것이다. 무주의 덕유산 정상이 향적봉인 것은 의미심장하다.

이제 회신을 마무리 해야겠는데 아무튼 봄에는 집 밖을 나서보라는 말을 하고 싶다.

그래서 사람사람 사이의 관계도 소중하지마는, 대자연에 의지해서 친숙해지고 그로 인해 혼자 있어도 심심하지 않는 자기를 발견할 수 있다면 더 큰 소득이 아니겠는가 생각해본다.

꽃은 떨어져 아득히 흘러가고
나는 편주를 타고 영겁의 강을 떠가네

광활한 우주공간 무한의 시간 속에
지구라는 꽃 한 송이 은하에 흘러간다

얼마나 많은 존재들이
쉬던 숨을 멈추었으며

얼마나 많은 존재들이
움직이던 동작을 멈추었는가

흘러가는 물길에 꽃 한 송이 띄운다.

낙화유수…

2019 년 4 월 1 일
지리산 연암난야
도현 합장

단월 제 29신 (여름)

산중 편지

　단월　가족　여러분…. 오랜만에　편지투로　회신을　쓰면서
여러분에게　안부를　전하게　되어　반갑습니다. 모두　가내
평안하시고　여의하신지요. 특히 회원님들의 건강은 어떠신지 묻고
싶고 또 다들 건강 하시기를 바랍니다.

　소납은 오랜 세월 여러 분들이 유념해 주시는 덕분에 여전히
잘 지내고 있습니다. 그리고 소욕지족의 삶을 지향하다 보니 큰
어려움은 없습니다. 이제 단월가족 여러분들과 나의 인연도
선재회로 시작해서 어언 삼십 년을 넘다 보니 그간에 상황이
많이 변해서 이제는 이 회신 외에 어쩌다 상면할 기회조차 없는
게 현실입니다.

모든 것이 변하고 이 또한 지나가겠지만, 여러분들로 인해서 이 글을 카카오톡, 페이스북에 공유하니 300명 이상이 함께하는 셈입니다. 여러분이 다른 분들과 인연을 맺는 마중물이 되어 주신 것입니다. 그때 떠나지 않으시고 오래도록 나와 함께 해주어서 진심으로 감사 드립니다.

따라서 심신의 연식이 적잖은 제 나이에 세상의 귀한 인연들과 온라인 상에서 나마 소통할 수 있으니, 물론 우리 단월 분들도 그중에 계셔서 힘을 도와 주시니 얼마나 다행한 일입니까. 단월 가족은 모두 70을 전후로 한 세대라 모두 의식이 자신의 건강 문제로 또는 신변사 때문에 점차로 사고의 틀이 축소될 수 밖에 없습니다.

그래서 뇌신경 계통에 이상이 있는 분도 있지만 가족이 잘 돌보아 괜찮다고는 해도 언제 시설로 가셔서 거둠을 받을지 모를 일 입니다. 나도 지금은 멀쩡하지만 다음 일을 알 수가 없습니다. 스님이 타고 다니는 차나 일반인이 타고 다니는 차나 연식이 비슷하면 고장도 비슷하게 나는 것 아니겠습니까? 그래서 나중 걱정 보다는 하루하루 열심히 살고, 나의 경우는 시은을 빚진 것이 많아서 명이 다할 때까지 선한 말 한마디라도 하다가 가야지 하는 생각에서, 어쭙잖은 글들을 온라인 상에 올리며 낯선 분들과 소통하며 지나는 것입니다.

세상에는 훌륭한 분들이 많고 세간에 묻혀 살면서도 탈속한 분들이 계시다는 것을 가끔가끔 느낄 때가 있습니다. 화엄경에 선재동자가 53 선지식을 찾아 남순 하듯이 온라인 상에서 많은 가르침을 얻기도 합니다. 단월가족 여러분들도 그런 분 중에 한 분 이시길 바라보면서 항상 기도합니다. 그래서 여러분이나 나나 다 함께 이생의 인연이 유종의미 거두도록 자기 전에 꼭 108배를 합니다. 나는 여러분들이 내 기도를 이루어 주기 위해서라도 지금까지 나를 거두어 주듯 정성을 다해서 사시기 바랍니다.

아시는 바와 같이, 나는 형식 면에서 기성의 불교 보다는 좀 간결한 불교를 하려고 토굴이라는 작은 공간에 살면서 주는 불교를 해 보자 해서 반생을 보냈습니다. 독불장군은 없다고 그런 과정에는 기성의 불교, 기성의 신도가 있어서 가능했던 것입니다.

초기 모델은 태국 수행처에서 수행자들이 탁발해 먹고 조그만 공간에서 가사 발우만 가지고 생활하는 것을 보고 시작했지만, 우리나라는 기후 풍토나 관습이 달라서 의복도 다르고 거처도 난방을 해야 하고 식사도 탁발을 못하니, 자취 내지는 신도가 오던지 후원을 해주어야 수행생활이 가능한 터라 한국적 구띠 토굴 생활이 될 수 밖에 없었습니다.

형식은 제 불공 안 하는 것, 초파일에도 등 안 달고 그냥 마음 밝히는데 의미를 두고, 부득이 양식은 구해야 하니까 회원을 두어서 단월가를 삼아 탁발에 대신해 왔습니다. 그것도 기존의 선재회를 해체 하면서 축소되어, 여기 찾아오는 부지정의 나그네들이 조금씩 시주하고 어쩌다 일년에 두어 번 법문 가서 보시 받고 주지하는 도반들이 몇 차례 토굴 공양 오는 걸로 일단은 의식주가 진행됩니다.

단월가족 분들께 왜 이런 이야기를 하냐 하면, 어쩌다 한번 씩은 스님은 뭣 잡수고 사는지 궁금해 하실 수도 있을 것이라 미루어 짐작이 가서 살짝 언급하는 것입니다. 원래 절 살림 돈 쌓아 놓고 하는 것이 아니라서 생기는 대로 먹고 살며 도 닦고, 신도 빚 갚느라고 붓다의 가르침으로 대신하는 것입니다.

주는 불교란 그 동안 근 삼십 년을 회원들 회비 받아서, 운영해야 할 절이 없었으니까 그 돈으로 다소간에 봉사도 하고 어려운 곳에 물질적 시여를 하면서 살아온 것은 여러분이 함께한 일이라 아실 것 입니다. 무엇보다 보현행원의 열 가지 대사회적인 정신적 실천이 진짜 주는 불교였던 것입니다.

불교도가 사회에 무엇을 줄 수 있는가

다른 사람의 인격을 존중해 주는 일, 다른 사람의 좋은 점을 칭찬해 주는 일, 분수 따라 물심으로 보시 하는 일, 늘 자기 잘못이라고 하는 일, 다른 사람의 선행을 함께 좋아하는 일,

부처님 가르침을 이웃에 전해 주는 일, 세상을 이롭게 하는 사람들을 잘 섬기는 일, 세상을 이롭게 하는 가르침을 늘 배우는 일, 역지사지로 항상 다른 사람을 생각하는 일, 끝으로 자기가 이룩한 정신적 물질적 부를 사회환원 하는 것이 모두 주는 불교인 것입니다. 한마디로 압축하면 불교도는 신구의 3업 즉 마음을 잘 쓰는 것이 세상에 주는 것입니다.

이런 일련의 일들이 진정한 불사를 하는 것인데, 이를 잘 실현하기 위해서 내가 자그만 수행처를 지어서 15년여를 여러분과 위빠사나 수행을 하지 않았습니까. 아직 위빠사나가 무엇인지도 모르던 시절에 내가 제일 잘한 일은 이 위빠사나 출입관 수행을 이 사람 저 사람에게 알려주는 일이었다고 생각을 합니다. 일의 대소를 떠나 이 일은 나에게 현재 진행중인 불사입니다.

들숨 날숨으로부터 알아차림을 시작, 제행무상 제법무아를 터득해서 들숨에 봇 날숨에 토 하는 가운데 인과를 잘 알고 깨달아 언제나 평안하신 붓다와 같은 인격을 닮는 것, 불수념을 하는 것이 불교도의 최고 목표라는 말씀을 드리고 싶습니다.

많은 사람이 절에 다니지만, 대체적으로 집안에 우환이 없고 가족들이 화목하고 저마다 소망하는 일이 이루어 지기를 바라는 소박한 마음으로 다니지, 스님들처럼 도 닦아서 부처 되겠다고 다니는 분들은 적습니다. 그래서 스님들께 우리가 양식 대어 드릴 테니까, 도 닦는 마음이 맑을 때 우리들을 위해서 축원{자비관}도 좀 해주시고 살아가는 데 도움이 되는 법문 말씀도 해주세요, 하고 온갖 공양물을 보급해 주시는 것입니다.

그러나 초등학교 교사가 아이들 가르치는 일보다 교무실 잡무와 학부형 관리 하느라 마음 쓰는 일이 더 많다고 하듯이, 스님들도 본분사인 수행과 포교하는 외에 잡무가 과중해서 불교가 질적으로 떨어질 수 밖에 없는 것입니다. 스님들이 비록 그렇게 못 하더라도 불교도 스스로가 법문을 들으면서 자기의 내공을 길러야 한다고 봅니다.

이 참에 단월 가족 분들께 하고 싶은 말은, 절에 다니더라도 외향적으로 너무 사교적인데 치우치지 마시고 다소곳이 자기 내면의 세계에 안주하며 혼자 있어도 심심하지 않는 수행력을 길러 마음속에서 잔잔한 기쁨이 솟도록 해야 한다는 것입니다.

제가 최근에 한 노보살님을 보면서 느낀 점인데… 젊어서 불교활동도 많이 하시고 가족을 최우선으로 열심히 사신 분인데, 80줄에 들어서니 주변의 교류하던 사람들도 소원해지고 많은 분들이 돌아가시고, 근년에 영감님까지 먼저 가시니 외로워서 어쩔 줄 모르십디다. 누구나 다 그렇겠지만…
그런데 평소에 차분하게 염불하고 참선하고 간경하며 내실을 다진 분들은, 공부 잘한 스님들처럼 노후를 맞아 처연하게 지나시는 분도 있으니, 우리는 후자가 되도록 마음 쓰고 노력해야 되겠다고 생각해 봅니다.

우리 단월 가족 분들과 내가 아는 모든 분들이 모두 그랬으면 좋겠다 하는 것이 내가 하고 싶은 말이고 바램입니다.

약간의 안부나 전하려던 편지가 길어 졌습니다. 지금 내 토굴 마당엔 첫 장맛비가 시원하게 내리고 있습니다. 나는 눈만 뜨면 대면하는 이웃이, 숲과 계곡 새들의 노래 어쩌다 눈에 띄는 산짐승이라, 아무래도 산중의 분위기에 동화되어 살수밖에 없나 봅니다. 혼자보고 듣고 즐기기에 미안해서 사진을 찍고 해서 페이스 북에 올리곤 합니다.

그렇게 소납은 CCTV에 노출되어 살아가는 현대인의 삶을 수용하면서 산중에 살아도 세상과 친숙한 생활을 하는 편입니다. 그러면서도 내일 일을 모르는 바보이긴 하지만 오늘을 정성스럽게 살고 있습니다.

새벽에 일어나면 한 시간 좌선을 하면서 오늘 할 일을 생각하고, 밤중에 잠 자리에 들기 전에 108배를 하고,

"우리 모두가 정업을 닦는 공덕으로 나의 가족들과 모든 이웃의 가족들이 행복하여 지이다.

우리모두가 정업을 닦는 공덕으로 나의 조상들과 모든 이웃의 조상들이 이고득락 하여 지이다.
우리모두가 정업을 닦는 공덕으로 일체중생이 모두 성불하여 지이다.
그리고 부처님 고맙습니다.. 부처님 고맙습니다, 오늘 하루 잘 살았으니 내일도 잘 살도록 노력 하겠습니다" 하고 감사기도를 끝냅니다.

　단월가족 여러분 두서 없는 편지지만, 여러분과 나의 만남이 오래라서 행간의 모자란 말과 여백의 여운은 이심전심으로 잘 느끼시리라 믿습니다.

　장마철에 건강 잘 살피시고 아무 쪼록 집안에 즐거움이 깃들길 바랍니다. 저는 장마철 관리 차원에서 아궁이에 불을 잔뜩 집히고 구들을 뜨끈뜨끈 하게해서 습기가 들어서지 못하도록 해놓고 좀 까실 하게 지나겠습니다.
다음 회신에서 만날 때까지 무고 하시기 바랍니다.

서창을 여니 계곡 물 소리가 시원하게 불어오는 오후입니다.

2019년 7월1일
지리산 연암난야에서
도현 합장

지리산 의신계곡에서 참선 수행을 지도할 때 (2005년)

토굴살이

폭풍전야란 말은 고요하게 느껴지더니 태풍이 지나간 자리는 산만하다. 흐트러진 산길과 도량을 바라보면서 근래의 일들을 생각해본다.

한 보름 전 태풍 링링이 마당의 잘 자란 파초 잎을 처참하게 꺾어 놓아서 정리를 하고 겨우 새잎을 펼치는데, 또 타파가 휘저어 넓은 잎이 빗살처럼 갈갈이 찢어졌다.

간밤엔 거센 바람이 산을 흔들며 토굴 너와 지붕을 날릴 듯 야단이고 풍경은 정신 없이 울었다. 나는 불단에 향을 사루고 남해안의 어촌이나 근접해 사는 이웃들이 피해를 적게 입었으면 하고 빌었다. 하지만 천재지변을 누가 막겠는가….

과학의 발달로 화성까지 우주선을 보내는 미국도 허리케인 앞에서는 속수무책, 자연의 위용 앞에 인간은 미물에 지나지 않는다는 것을 생각하면 저절로 겸허해지곤 한다.

이 삼일 전에는 날씨가 좋았다. 일년에 두어 번 만나는 신도님들이 오랜만에 부산과 서울에서 오는 터라, 이번에는 함양의 상림 숲에서 맞아 꽃무릇 군락과 수련을 구경하고, 모처에서 맛있는 점심도 함께 먹고, 인월의 지인 집에서 다과회도 가졌다.

새날이 밝고 토굴로 올라와서 법회를 보았는데, 앉은 자리에서 죽비를 치고 내가 빨리어 염불을 선창하고 뒤에 우리말로 따라 했다.

아라항 삼마 삼붓토 파카와 붇당 파가완땅 아피와태미

모든 번뇌로부터 떠나 스스로 정각을 이룬
존귀하신 붇다 앞에 머리숙여 절 하나이다.

스왁카또 파가와또 담모 담망 나맛싸미

존귀하신 분에 의해서 매우 잘 설해진 진리
그 담마 앞에 머리 숙여 절 하나이다.

수빠띠빤노 파가와또 사와까상코 상캉 나마미

존귀하신 분에 의해서 잘 수행된 제자들
그 상가 앞에 머리 숙여 절 하나이다.

그렇게 삼귀의를 하고 '삼보에 대한 찬탄' '부처님의 가르침을
회상함' '우리 자신을 돌아봄' '나와 이웃을 위한 발원'을 하고
일단 예경을 마치는데, 중간에 '우리 자신을 돌아봄'을 참고로
적어보면…

우리는 자연스레 늙고 있으며 이를 벗어날 수 없고
우리는 자연스레 병들 수 있으며 이를 벗어날 수 없다.
우리는 자연스레 죽게 되어있어 이를 벗어날 수 없으며
우리는 소유하던 것들과 사랑하는 사람들로부터 벗어나
언젠가는 이별해야만 한다.

이것은 우리가 저마다의 업을 지어 과보를 받는 것이며
또한 새로운 업을 발생 시켜 업이 자신을 따르게 하고
업에 얽혀 살게 된다.

우리는 우리가 짓는 착한 업이거나 악한 업의 과보를
받아야 할 상황에 처해있는 것이다.

우리 모두는 이와 같은 인과의 법칙을 매일 살피며
정업을 닦읍시다… 라고 되어 있다.

마침 '업' '자기행위'란 말이 나와서 이야기지만, 내가 아는
지인 중에 로봇 전문가가 있는데 자기는 로봇을 움직이게 하는
프로그래머 라고 했다. 그런데 한번은 로봇을 시험하는 과정에서
로봇에게 한대 맞아 머리를 수술까지 했다고 한다. 지금은 나아서
같은 일을 하고 있지만 그때 입력을 잘못한 실수로 웃지 못할
곤욕을 겪은 적이 있다고 경험담을 들려 주었다.

사실 우리도 날마다 자기 로봇에게 말과 행동과 생각으로
입력을 하고 있다. 지금 마음으로 상처 받고 아파하는 일이
있다면 지난날 잘못 산 소이가 아닌가 하고 생각해 보게 된다.
앞으로 아픔을 겪지 않으려면 오늘 지금 잘 사는 것이 최고의
방법일 것 같다.

그렇게 예경하고, 법문하고, 좌선하고, 차 마시고 담소 하다가
시간이 되어서 서울로 부산으로 모두 떠났다. 되돌아 보면 30년
지기로 여타의 단월 가족들처럼 내가 맘속으로 도반이라 부르는
이들이라 따로 해야 할 말이 없는 사람들 이지만, 한결같이 토굴
양식 챙겨주고 평생을 나를 거두어 주는 분들이다. 어느 모로
보나 아들딸 키우고 남편 분 도우면서 세상의 산전수전 다 겪어,
산중에 혼자 사는 나보다 도가 높지마는 늘 삼배를 한다.

신도님들이 하는 절은 "스님 중노릇 잘 하고 있소!" 하고 묻는 동작으로 하는 법문이나 다를 바 없어 미안 하고도 고맙다.

1박 2일 동안 신도님을 맞고 보내는 나의 일상이 그냥 나의 토굴살이다. 반듯한 절도 없고 목탁 치는 의식도 없이, 차 마시고 담소하며 잠깐 머물다 가는 신도님과 스님의 조우…. 이렇게 해도 스님의 존재 가치가 있는 것인지 모르지만, 나는 반평생을 그렇게 살았다. 하고많은 스님 중에 나 같은 물건도 하나 있으면 구색이 맞지 않을까 생각해본다.

그건 그렇고 어질러진 마당을 바라보니, 비질로 도량을 말끔히 치우고 싶은 욕구가 생긴다. 그리고 맑은 도량과 앞산의 풍광을 바라보면서 차 한잔 마시고 싶다.

토굴살이 어렵더라도 태연하고 멋지게 살아야겠다.

나와 무연한 모든 분들도 모두 건강하고 여의하시길 바라면서 낙엽 지는 계절의 문으로 들어선다.
계곡의 물소리, 높은 하늘, 여기는 별천지다….

2019년 10월 1일
지리산 연암난야
도현 합장

연말결산

서산에 지는 해가 평소와 달라 보이는 감회를 느끼면서 세모를 맞는다.

낙엽이 모두 떨어진 산중엔 앙상한 나무들만 적나라한 모습을 드러내고 있다. 아궁이에 군불을 집히면서 내다보는 마당엔 바람 따라 낙엽이 이리저리 굴러다닌다. 후미진 자리를 찾아 차분히 겨울잠 잘 자리를 찾고 있나 보다.

나는 올 한해 어떻게 살았는지 '날로 계산을 하면 손해가 지지마는 달로 계산하면 남는 장사'를 하는 것이 나의 신조지만, 보람이 남는 일상을 살았는가 스스로에게 자문해 본다. 하루하루 한달 두 달, 일년 이년, 그 동안 살아온 인생을 돌아보며 거시적인 연말 결산을 해야 할 나이가 되고 보니 쓸쓸한 생각과 차분한 마음이 교차한다.

얼마 전 2박3일간 중국 대련 길상사를 갔다 왔는데 어느 신도님이 나를 꼭 안고 친정 아버지 같다고 했다. "어!, 내가 그렇게 늙었나" 하는 마음이 들면서도 선하게 다독여 주는 신도님의 마음이 따뜻하게 느껴졌다. 이제 이 서신이 단월 가족에게 도착할 때 나는 우리 나이로 72살이 된다. 이 나이에 우리 은사님은 돌아 가셨는데 나는 아직 살아 있구나 하면서, 일주일전 스님의 16주기 제사를 지낸 생각이 난다.

어느 해 겨울 아궁이에 불을 때다가 바깥을 내다보니, 새가 나뭇가지에 앉아서 깃털을 다듬고 있었다. 언뜻 내 처지가 저와 같다는 생각에 적어둔 것이 있는데 가끔 써먹기도 했지만 지금 시제에 맞아 다시 적어 본다.

자화상

나뭇가지
사이에서
새가
깃털을
다듬는다

거울도
없이
니 모습
다듬는
너의
솜씨
닮고
싶구나

쌓아 논
재산도
없이
잘도
살아가는
너

얽힌
가지
사이로
걸림 없이
나는
너
부럽구나

사실 내 토굴살이 하는 것이 산새나 비슷하다. 거울도 안보고 깃털을 다듬듯이 위빠사나 들숨 날숨 챙기면서 도 닦는 것이나, 쌓아논 재산도 없이 잘도 살아가는 새처럼 달랑 우체국 통장 하나에 믿음의 재산을 가지고 일용직 노동자처럼 사는 것이 탁발 수행자 영판이다. 실로 하루 하루 탁발해 먹고 수행하는 것이 걸사비구 아닌가. 그러나 내 마음엔 모자람 없는 부자라 신통하게 생각된다.

한가지, 얽힌 가지 사이로 걸림 없이 나는 너는 못되고, 종심소욕 불유구란 공자님 말씀을 동경하는 걸 보니 아직도 부지런히 정진하라는 붓다의 유훈이 마음깊이 다가온다.

이것은 대충 연말 결산의 대략이지만 구체적으로 먹고 사는 것을 보면, 단월가족을 비롯한 많은 인연들의 조건 없는 보시에 의존하고 있는 셈이다.

굳이 이런 이야기를 하는 것은 내가 남에게 베푼 것은 잊어야 하지만 도움을 받은 것은 잊지 말라는 교훈을 기억하고, 또 연말이기 때문에 다소간 물심으로 보시한 분들께 건강하게 오래 사시고 행복 하시라는 말로 대신 하면서 고마움을 전하고저 함이다.

결산은 이와 같이 간략히 한다 하더라도, 새날은 어떻게 살 것인지 대략을 생각해 놓고 새해 인사를 드려야겠다.

나는, 은사스님께서 그래도 괜찮은 절 주지 하시면서 맏상좌인 나에게 주지 직을 물려주시려고 공을 들이셨지만, 말 안 듣고 나와 남의 땅 빌려 5평 둥지 지어 산다. 내 죽으면 땅세로 이 토굴 가지시오 하고 있고, 내 죽으면 아무데도 알리지 말고 장례절차 없이 시신 기증해 주시면 좋겠습니다 하고 몇몇 지인들에게 부탁하면서, 누가 먼저 죽을지도 모르고 있다.

생명나눔 실천 본부에 희망기부 해놓고 염치없어 성금 조금씩 보낸 지 한 3년 되었지만, 남은 것은 사후에 어떻게 하는지 생명나눔 실천 본부에 문의해서 매뉴얼에 따르도록 적어두는 일이다. 그 다음은 인연에 맡길 뿐이지만 이렇게 예정을 해 놓고 보니 하루 하루 사는 것이 그냥 덤이다.

인간적으로 시집 장가 가서 자식 낳고 사는 분들은 그렇게 까지 해야 하나 할 지 모르지만, 그런 인생은 전생에 수도 없이 살아와서 미련도 후회도 없다.

태국 살 때 큰 병원 해부학 교실을 견학하면서 시체도 보았고, 붓다 재세시 숲속의 수행자들이 이름 없이 죽어 짐승의 밥이 되고 뼈골은 흩어져 산화 되어버린… 전승되어오는 이야기를 들으면서 나도 저와 같이 되리라 생각한지 오래다.

이 모든 생각들은 금생에 부처님 법 만나서 깨우친 인연이고 신도님들 보살펴 주시는 덕이라 여기면서 깊은 감사를 드리게 된다. 끝없는 우주의 한 자락에서 나에게 부여된 역할에 충실하고 즐기면서 인연 따라 살다 갈 것이다. 그리고 꿈속에서 꿈 이야기를 하면서 알 수 없는 세계와 인생을 경외한다.

인생사 다소간의 걱정은 누구에게나 다 있고, 안타까운 부분도 많지만 또한 꿈도 있어 숨쉬고 있지 않은가! 살아 있어도 죽은 것 같이 존재감 없이 사는 것 보다는, 최후의 순간까지 나에게 주어진 일을 하면서 서로 소통하고 애환을 공유하면서, 정성스럽게 사는 기도로 진리의 공성을 깨닫고, 무상 고 무아의 가르침 속에 안심입명 해야겠다고 노력은 한다.

하지만 나는 다음 순간의 일을 알지 못하는 바보요, 제 몸도 마음대로 못하는 천치다. 만약의 경우는 주변의 인연에 의지할 수 밖에 없다. 누구나 그렇다. 함께 서로를 위무하면서 보살피는 덕을 길러야겠다. 그러나 마음뿐이지 납자의 신분엔 믿음의 재산, 다가오는 운명을 순리로 받아들이는 수순의 재산뿐이다. 그리고 지금 여기서 정성스럽게 산다.

끝으로 새해를 맞으면서 신도님들께 한평생 거두어 주신 은혜에 거듭 감사하며 덕담으로 합장하고 염불한다.

사삐띠요 위왓짠두 사빠로고 위낫 사뚜마때 바와 완따라요
수키 디카유코 바와 아비와 다나 시릿사 닛짱 우따 빠짜이노
짯따로 담마와 딴티 아유 완노 수캉 발랑

강물이 흘러서 바다에 이르듯 초승달이 보름달이 되듯 시주의
원하는 바가 모두 원만하게 이루어 지이다. 건강하게 오래 살고
매사에 여의 하소서..

사두 사두 사두……

날이 새면 새로운 마음으로 마당을 쓸고 묵은 업을 거두고
희망의 태양을 맞아야겠다.

단월 가족 여러분, 그리고 유연 무연의 모든 분들, 다 새해 복
많이 받으시기 바랍니다.

나라도 안녕하고 세계엔 평화가 오기를 기원 합니다. 유정이
안락하고 무정이 맑아져서 모두 맛있는 산소를 많이 먹었으면
좋겠습니다.

2020년 새해 아침
지리산 연암난야
도현 합장

불탐위보 (不貪爲寶) : 탐하지 않는 마음이 보물이다.

(즉, 욕심이 없는 것이야말로 최고의 가치 라는 뜻.)

인생의 심연

자다가 눈이 뜨여 누운 채로 어둠을 응시하니, 적막한 산중에 멀리서 휘파람새 울음소리 끊일 듯 이어지고 끊일 듯 이어진다. 인생이란 어디에서 와서 어디로 가는 지도 모르는 체, 그저 알 수 없음으로 들숨과 날숨에 의지해서 생명을 부지하고 있다.

무엇을 웃고 무엇을 슬퍼하랴…. 세상은 쉼 없이 변해 가는데 어찌하여 그대는 어둠 속에 갇혀 있는가….왜 등불을 찾지 않는가…. 하는 나름대로의 비슷한 법구경을 떠올리면서 마냥 누워있다가, 일어나서 불을 켜고 찻물을 올려놓고 앉는다. 평생 익힌 것이라곤 앉아서 조는 일이라 눈만 뜨면 습관적으로 좌선의 자세를 취한다.

지도무난(至道無難) 유혐간택(唯嫌揀擇)
단막증애(但莫憎愛) 통연명백(洞然明白)

지극한 도는 어렵지 않다. 다만 시비 분별을 꺼릴 뿐이다. 좋고
싫음 놓아 버리면 분명하고 밝다.' 라는 신심명 구절을 생각하고,
들숨에 붓 날숨에 토 하다가 물 끓는 소리가 들리면 찻잔을
가시고 차를 엷게 우려 마신다.

문여하사서벽산 (問余何事棲碧山)
소이부답심자한 (笑而不答心自閑)
도화유수묘연거 (桃花流水杳然去)
별유천지비인간 (別有天地非人間)

무슨 일로 산중에 사느냐기에
말없이 웃어보니 마음 편하네
복사꽃 아득히 흘러가는 여긴
인간 세상 아닌 별천지라네

이백의 산중문답이 그대로 전개되는 요즈음의 산중은 그냥
아무 일이 없다.

소나무 우거진 시냇가를 지팡이 짚고 산책하노라면, 계곡을 따라 신선한 기운이 흘러가고, 대나무 울타리 둘러선 창가에서 맑은 공기 마시며 선정에 들면 세상에 바랄게 없다.

한여름 폭풍뇌우에는 마음이 불안하고, 추운 겨울 설한풍에 몸을 웅크리고 살다가, 봄바람 훈풍을 실어오니 비로소 천지간에 온화한 기운이 감돈다. 온갖 생명을 살려내는 것은 온화함이로구나 하면서, 사람도 마음속에 늘 자비심을 지니고 있어야겠구나 하고 생각해본다.

그건 그렇고 옛말에 돈 버는 자랑 말고 집안에 우환이 없기를 바라라고 했는데, 두어 달 새 우환이 들이 닥쳐 요즈음 지구촌이 말이 아니다. 언제는 닭과 오리, 언제는 소와 돼지, 이번에는 사람, 그렇게 돌아가면서 보이지 않는 큰손이 세상을 후려치고 있다. 생전 듣지도 못한 사회적 거리두기 라는 말이 유행하고 있다.

큰 눈을 뜨고 보면 이 모두가 본래 자연이다. 없던 것이 생겨난 것은 아니다. 투명한 유리 공 속에 비눗물을 반만 넣어 흔들어 보면 거품으로 가득 찬다. 질량은 본래 그대로 지만 유리 공 속의 현상은 늘 변하고 있다.

살아야겠다는 마음을 가지고 중지를 모아서 대책을 세우고, 여럿이 협조하고 기다리면 이 재앙도 물러날 것이다. 그러나 그 동안의 희생이 너무 크니 빨리 이 어려움이 종식되기를 기도한다.

꼭 죽을 사람은 이렇게 해도 죽고 저렇게 해도 죽고, 이리 피해도 죽고 저리 피해도 죽으니 나부터라도 면할 길이 없지만, 그렇다고 두 손 놓고 있자니, 살려고 태어나 살려고 애쓰는 것이 사람인데 애초에 포기 한다는 것은 사람 답지가 않다.

한동안 내 토굴에 인적이 없더니, 최근에 몇몇 가족이 방문했는데 모두 다 아이들을 데리고 왔다. 가고 나서 혼자 맘에, 야 코로나 보다 부모 입장에서는 자식이 더 무서운가 보다 라는 생각이 들었다. 아이들이 집안에만 있어서 스트레스 받아 물건이라도 집어 던지면 더 큰일이기 때문이다.

아무튼 새벽에 일어나서 차 마실 시간에 이런 생각을 하는 것은 코로나의 여파가 그만큼 크다는 것이다. 옛날 같으면 한 마을 한 도시로 끝날 일이 배로, 비행기로, 자동차로 실어날라 온 세상을 좀비들이 헤집고 다닌다. 투명인간처럼 …

인간이 자랑 하던 과학 문명도 자연의 대재앙 앞에서는 이렇게 보잘것없는 줄을 알겠다. 불가항력 앞에서 겸허히 기도할 수 밖에 없다. 석가도 공자도 예수도 다 무력했다. 오직 심정적인 안정을 도와 주시고 죽고 사는 일에 처연하도록 이끌어 주셨다.

요전 날 페이스 북에 포스팅한 태국의 고승 아잔 마하부와 스님의 게송(揭頌)이 생각난다.

이 세상에 왔다고 너무 좋아할 것도 없고
저 세상에 간다고 너무 슬퍼할 것도 없다
인생이란 왔다가 잠깐 머물다 사라지느니.

차 한잔 마신다는 것이 잠깐 세간사에 침잠해서 이리저리 휩쓸려 보았다. 산중에 산다고 세상사에 무심할 수 없는 것은 수행자도 역시 세상 사람이기 때문이다. 그래서 마음이라도 함께 거들어야 하고 수고 하시는 의료진 여러분들을 격려 해야 한다는 생각에서다.

지금 상황은 마치 강물에 떠내려 가는 사람처럼 언제 누구라도 장담할 수 없고 대책이 없으니, 합리적인 조치를 따르면서 신념의 모래톱에 의지할 수 밖에 없다. 모래톱은 저마다의 믿음에 의지해서 그 가르침을 이해하고 삶에 정성을 다하는 것이다. 살고 죽는 것은 인명은 제천이라 했으니 하늘에 맡기고 살아있는 날들에 감사할 일이다.

한동안 봄 가뭄이 건조 주의보를 내리고 여기저기 산불이 나곤 하더니 오늘은 감로와 같은 비가 내리며 대지를 적셔준다. 촉촉한 기운이 온몸을 부드럽게 감싸준다. 죽어라는 법은 없구나 하면서 아침 먹고 날이 새는 대로 산책 갈 요량을 해본다.

등고선을 따라 등산하는 봄이 지리산엔 이제 600고지에 도착했다. 내 산책길 반환점에 어제는 진달래가 곱게 피었다. 내려다 보는 계곡의 물소리가 더 아름답게 들렸다.

세상의 근심도 물길 따라 멀리멀리 저 큰 바다로 가서 희석되고, 연두 빛 잎새가 수채화를 그리는 자연을 만끽하는 날이 도래하기를 빌어본다.

모든 이들이 건강하시고 여의 하시기를 …

2020년 4월 1일
지리산 연암난야에서
도현 합장

기약할 수 없는 내일

낮이 제일로 길다는 하지도 지나가고 여름이 중반으로 들어선 즈음입니다.

납승과 인연 있는 여러분 모두 건강하시고 여의 하신지요,
장마 중에 안부 드립니다. 요즈음 산중은 풍광이 참 좋습니다.
새벽에 일어나서 조용히 앉아 있으면 계곡의 물소리만 힘차게
들려오고, 여명이 틀 때면 새들의 지저귀는 소리가 시끌벅적한
시골 장터를 연상케 합니다.

낮에는 운무가 산 능선과 골짜기를 드나들며 아름다운 경치를
연출하기도 하지요.

산중에 사는 일은 도시인들이 잘 모르는 쏠쏠한 재미가 있습니다. 물론 시정에 살아도 자연의 정취를 아시는 분들이라면 소납의 말에 잠깐 산중을 그리는 상상을 하시리라 믿습니다.

제가 3개월에 한 번 보내는 이 회신도 33번째가 되니 햇수로 9년 차에 들어 서네요. 세월이 유수와 같이 빠릅니다. 열 여덟 해를 살고 불탄 토굴을 새로 지은 지가 내년이면 10년 이군요.

내가 아는 단월 신도님들이 40대에 만나서 선재회를 거쳐 단월에 남아계시는 동안 70전후 80을 넘은 분도 계시니 한 생이 다 갔습니다.

이제 몇 안 되는 여러분들 이지만 인연을 소중히 여기는 마음을 놓지 않고 살다 보니, 또 새로운 인연들을 온라인 상에서 만나게 되어 묵은 물이 마중 물이 되어 새롭게 부처님 말씀을 전하는 계기가 되기도 합니다. 중이란 한평생 시주의 의식주를 덜어 먹었으니 죽을 때까지 붓다의 뜻을 전해서, 시주가 자비로운 마음을 지니고 잘 사시도록 말이라도 거드는 것이 스님들의 역할이라 믿기 때문입니다.

늘 쓰는 회신을 이번에 편지투로 쓰는 것은 여러분과 짧게나마 허심탄회하게 이야기 하고 싶어서 입니다. 사실 인생 살아보니 어떻습니까? 별 것 없지요. 남은 건 어눌한 동작과 흐릿한 마음,

여기저기 병들고 아파가는 육신, 내 몸을 내 뜻대로 하기가 벅차고, 내 마음인들 내 뜻대로 됩니까… 이러한 부자유를 느끼면서 자식들에게 주변 사람들에게 짐은 안되어야 되는데 하는 걱정만 하나 더 늘었지요.

어쩌겠습니까.

누구나 앞서거니 뒤서거니 궤도 위의 기차처럼 전철을 밟아 가야지요. 불을 보듯 뻔한데 나는 아니라고 우길 것입니까, 단지 정신이 온전할 때 만이라도 자기를 잘 챙기고 주변 사람을 덕스럽게 감싸면서 살다 가야지 달리 도리가 없습니다.

그 동안 살아 오시면서 익힌 공부는 잘 됩니까? 앉으면 눕고 싶고 누우면 혼침하고 낡은 수레같이 늙은 몸 '도 닦기' 어렵다는 말이 하나 틀린 것이 없지마는, 젊어서는 매양 젊을 줄 알고 노인들 말 귓전으로 흘려 들었지요.

그러나 그때 그 늙은이들 말 명심하고 챙긴 이는 지금도 허리를 꼿꼿이 세우고 염불 참선 잘 합니다. 솔직히 여러분은 어떻습니까? 부질없는 노탐에 빠져서 허우적거리지는 않는지요…

납승이 본 경험으로는 스님들과 신도님들 중에 열심히 수행한 분들이 노후에 병으로 힘들게 지나는 분들도 있고, 그렇지 못한 이들이 노후에 잘 지나시는 분들도 있어서 역으로 인과를 의심한 적도 있었지마는, 또 순리대로 잘 살다 가시는 분도 있어서 인과가 분명하기도 했지만… 인과를 거시적으로 보면 목전의 정황만 가지고 판단하는 비좁은 생각에서 자유로울 수 있었습니다.

사실 납승은 나부터라도 기약할 수 없는 내일을 대면하고 있으니… "누구나 죽음을 앞두고 큰 소리 칠 일은 아니다. 그냥 늙고 병드는 순리를 따르면서 오늘 살아 있음에 감사하고 최선을 다하며 살아야 한다. 자기를 가눌 수 없는 상황에 처하면 주변의 인연에 맡기는 수밖에 없지"라고 생각합니다. 자식 없는 중도 살다 죽는데 자식 있는 여러분은 어떠신지요…

그러나 주어진 현실 육신의 처한 정황은 승 속이 비슷하지만, 승 속간에 정신적 재산을 지니고 사는 사람들은 죽을 때 죽더라도 온전한 정신을 갖고 있는 동안은 생각을 좀 달리해야 합니다. 이점을 착안해 보는 것이 오늘 편지의 요점이고 납승이 허심탄회하게 전하고 싶은 말이라 여겨 주십시오.

「항상

불법승 삼보를 믿고
오계를 잘 지니고
자신의 잘못을 반성할 줄 알고
남에게 부끄러워 할 줄 아는 양심을 가지고

항상 법문을 듣는 것이 복이라 생각하고
언제나 물질적 정신적으로 이웃과 나누며
불교의 세계관 인생관 생활관인 사성제를 이해하고
팔정도와 육바라밀을 실천하며 산다.」

라고 늘 마음에 다짐할 수 있다면,
그렇게 염불하고 참선하고 선행하는 마음으로 용심하며 산다면,
내일을 기약할 수 없다가 아니라 내일을 기약할 수 있다가
되겠지요.
초기경전의 정신적 재산인 칠보(七寶)를 말씀 드렸습니다만
「신계참괴문시혜」 이점을 명심하면 내일을 걱정할 것 없습니다.

어쩌다 맑은 날 밤하늘의 별을 바라보면 인생의 깊은 심연을
느끼게 됩니다. 유사이래로 많은 성현과 철인들이 지구상에
출현하고 사라져 가면서 심오한 가르침을 남기고 갔지요.

현명한 분들이라 시대를 관통한 가르침이 되어서 추종하는
사람들이 쫓아서 살아가지만, 이것 만이 유일하다는 것은 없지요.
알 수 없는 진리는 영원히 알 수 없는 체로 미래세가 다하도록
은하처럼 흘러갈 것입니다.

고귀한 분들이나 미천한 사람이나 진리에 대해서 알 수 없는 것은 똑같고, 생로병사의 전차를 타는 것은 매한가지니 어디에 우월이 있겠습니까. 못난이들의 어리석음이 있을 뿐이지요.

　　납승은, 알 수 없는 인생과 우주의 비밀을, 밤하늘의 별을 바라보며 세계의 신비를 느끼면서, 알 수 없는 것을 알 수 없는 체로 즐기면서 현재의 삶을 누립니다.

　　과정을 목적시 하는 삶, 「현법낙주」를 지향합니다.
기약할 수 없는 내일은 지금에 없습니다. 지금은 지금 착하게 사는 일 뿐입니다.

　　드넓은 파초 잎에 떨어지는 비 소리가 시원터니 비 그친 마당에 나서니 산 숲이 샤워를 해서 산뜻하네요.

　　어려운 시기에 모든 분들이 자연스럽게 이 위기를 지혜롭게 잘 헤쳐나가기를 기도 하면서… 납승과 인연 있는 모든 분들이 아름답게 오래 살고 건강하고 여의하시길 바랍니다.

2020년 7월 1일
지리산 연암난야
도현 합장

단월 제 34신 (가을)

다시 초심으로

별들이 반짝이는 밤 하늘 끝 간데 없고, 쓸쓸한 바람결에 벌레들 울음소리 슬프네. 물은 맑고 달은 밝아 밤은 깊은데 산중의 거처는 아랫목이 따뜻하다. 춥고 배고프다는 말이 있으나 등 따숩고 배부르다는 말도 있어서, 납승은 군불을 집혀 분위기를 포근하고 아늑하게 해놓고 저녁을 먹었었다.

지난 여름 잦은 비속에 홍수가 휩쓸고 간 화개장터와 구례장터 일원의 저지대 주민들의 쓰린 상처는 언제나 치유가 될지, 복구는 많이 되었지만 후유증이 사라지려면 한참 시간이 걸려야 할 것 같은데 가진 것 없는 중이 실없는 걱정을 한다.

70을 넘게 살아 오면서 처음으로 겪는 코로나19는 반년을

넘게 끌어오면서, 모든 사람들이 온전한 얼굴을 드러내고 서로
웃지도 못하게 비대면 사회를 만들어 놓고, 떠날 조짐도 없이
미적거리고 있다. 백신과 치료약을 기다리며 탁월한 의학자들에게
희망을 걸고, 눈에 보이지 않는 존재들 과의 치열한 싸움에서
인류의 의료진이 승리하기를 기대하고 있다.

  무엇 하나 도움이 못 되는 납승은 자기부족을 절감하고
심산계곡 나무들의 세계에 의지 하면서 아래 마을과 세상의
동정을 살피고 있다. 오래 전부터 도시 사람들의 발길이 뜸하고,
어쩌다 눈에 뜨여도 그가 누구인지도 모르게 얼굴을 가린
마스크만 왔다 갔다 한다. 도시 사람들의 사는 일이 수월하고
경제의 파고가 높아야 시골 변방의 사람들도 그 파급효과를
보는데, 그렇지 못해서 주민들의 살림살이도 어렵다.

  이럴 때일수록 일제치하, 6.25 전쟁, 사라호 태풍 등 어려운
시절을 경험한 어른들과 함께 참고 우리가 겪은 IMF를 생각
하면서 느긋이 기다려야 하지 않을까 생각해본다. 많은 사람들의
기도처럼 지금 같은 상황이 빨리 종식되기를 바라면서 ….

  돌이켜 보니 납승도 신체나이 초년 중년을 거쳐 말년에
이르렀다.
  언젠가 오겠지만 다른 세계로 떠나는 때를 기다리면서 생각해
보니, 그 동안 한세상 어떻게 살았는지 감회가 새롭다. 어려서

철모르고 절에 와서 불교가 뭔지도 모르다가, 주변의 선배와 어른들의 가르침으로 조금씩 익히고 깨우치면서 부족하지만 불교적 세계관과 인생관을 가지고 자기 앞가림을 하는 정도가 되었다. 하지만 가까운 미래도 예견할 수 없는 바보 중으로 살고 있는 것이 현실이다.

처음 절에 와서 접한 초발심 자경문에서 '불교를 접하는 사람들은, 먼저 나쁜 사람을 멀리 여의고 어질고 착한 사람을 가까이 하면서, 오계와 십계 등을 받아서 잘 지키고 범하고 열고 막을 줄 알아야 하느니라'고 했는데, 사실 이 단순한 가르침도 제대로 실천 했는가? 하는 아쉬움이 있다.

초발심 강의 해설을 하신 탄허 큰스님께서 책 표지 뒤에 술회한 게송을 보면 "처음 발심 하는 것 하고 성불 하는 것이 둘이 아닌데 이와 같은 두 마음을 하나되게 하는 것이 참으로 어렵구나" 하는 말씀이 있는데, 나이 먹고 보니 공감이 간다.

납승도 열심히 산다고 살았지만, 인연에 얽히고 설켜서 자기가 뜻한바 대로 살았다 하기에는 마음이 석연치 않다. 이 일은 이렇게 하고 저 일은 저렇게 했더라면 하는 아쉬움이 있는 것은 나만의 생각일까...한 세상 어떻게 살아왔던지 사람마다 나름대로 자기 전기를 만든다면 다 한 두 권의 책으로 출판할 수도 있을 것이다.

그러나 굳이 책이 아니라도 자기 살아온 내력은 이미 이동식 저장장치인 업 속에 다 입력되어 있으니, 앞으로 살아가는 목전에 일어나는 일이 다 전일의 업의 결과요, 오늘 사는 것이 내일의 종자가 되는 줄 알면, 날로 허물을 덜어내는 일을 할지언정 허물을 쌓는 일은 하지 말아야겠단 생각을 절로 하게 된다.

아무튼 이번 회신은 코로나 19가 다 내 탓이라 생각하며, 오늘은 무시겁래로 윤회하며 지은 죄를 참회하면서 다시 초심으로 돌아가야겠다. 천수경에 참 좋은 게송이 있어 소개하고 함께 청정하기를 바라본다

"아석소조제악업 개유무시탐진치 종신구의지소생 일체아금개참회
죄무자성종심기 심약멸시죄역망 죄망심멸양구공 시즉명위진참회
백겁적집죄 일념돈탕진 여화분고초 멸진무유여
참회진언 옴 살바 못자 모지 사다야 사바하"

처음 게송은 내가 과거에 지은 죄업 모두다 욕심부리고 성내고 어리석어서 몸과 말과 뜻으로 지었으니 사실로서 참회합니다.

둘째 게송은 죄라고 하는 것은 종자가 없으니 마음의 부담만 놓아버리면 죄와 마음의 부담 둘 다 없어지니 이치로서 참회합니다.

셋째 게송은 영겁으로 쌓인 죄 한마음 먹기 따라 없어지니 마치 마른풀 불태우듯 완전 연소하여 뒤돌아 볼일 없게 하라고

비유로서 말해주고 있다.

그래서 참회진언을 하면 간단히 없앨 수 있으니 백 번이고, 천 번이고, 한 생애를 통해서 참회 업장의 원을 세우라는 것이다.

세상의 선도적 지식인들이 코로나 19의 발생 원인을 환경파괴, 인류도덕의 해이, 기계화 조직화 된 인간관계, 가족의 해체, 정치문제 등으로 분석하고 대안을 제시 하며 좋은 말씀들을 하시는데, 따지고 보면 모두가 한 마음에서 비롯되는 것이다. 한 마음이란 배려심 인데, 배려심이 있는 세상과 배려심이 없는 사회는 하늘과 땅처럼 달라지는 것이다.

돌이켜보면 이 모두가 종교인의 책임이고 말해도 안 듣는 세상사람 책임이다. 배려심이란 사랑하는 마음이고 자비로운 마음인데 과연 종교인이 그렇게 가르치고 실천하는지, 먹고 산다고 여유가 없는 세상 사람들은 쌓이는 스트레스는 풀 줄 알지만 주변을 돌아보며 양보 하는지, 돌아보고 참회해야 하지 않을까 코로나 속에서 생각해 본다.

때는 바야흐로 별리의 계절이고 결실의 가을이다. 낙엽은 떨어지기도 하지만 새싹이 밀어 내듯이, 인류도 새로운 아이디어로 그간의 잘못된 점들을 떨쳐 버리고 새로운 삶의 태도를 지향해야 하겠다. 아니 인류는 너무 거창하고, 나부터 잘못된 행동과 말과 의식을 새로운 초심의 마음으로 밀어내고 삶의 안팎을 새롭게 가꾸어야겠다. 일심이 청정하면 세계가 청정하다는 말이 있듯이 청정은 참회로부터 시작된다. 납승도 미약하지만 세상의 이익을 위해서 거들어본다.

지난 여름 폭풍우에 유실된 웅덩이를 다시 만들어 물을 채워서 갈색 잎 붉은 단풍이 다이빙을 하게하고, 물길에 파여나간 마당은 퇴적된 모래를 옮겨 돋우어 발걸음이 돌부리에 차이지 않게 해야겠다. 산중에 사는 중이 직위는 없지마는 일조차 없으면 무료하니까 한 동안 토굴 주변의 분위기를 만들며 즐겨야겠다.

언제나 뜬금없이 납승을 거두어 주시는 단월가족 분들과 지인 분들 그리고 모든 인연 있는 분들께 감사하면서, 결실의 계절 건강히 지나시길 기도 드린다.

산절로 수절로 산수간에 나도절로
그중에 늙는몸이 늙기도 절로하리

2020년 10월 1일
지리산 연암난야에서
도현 합장

지은이 | 도현

교정 | 이 보리행

편집 | 정희종

2020. 11. 30